進化する
サイエンスの
最前線を
収録

サロンワーク発想だからわかる！

きほんの毛髪科学

【改訂版】

タカラベルモント株式会社

JOSEI MODE

美容師のみなさんがお客さまから求められる役割は、近年、実に幅広いものとなっています。お客さまはよりおしゃれになるため、そして美しいヘアを手に入れるため、"自分"の髪を知り尽くす美容師からの、高度な知識に裏付けられた技術やアドバイスを望むようになりました。その期待に応えるべく、みなさんもセンスと技術、人間力を日々磨いていることでしょう。そんな中、「毛髪科学」を学ぶことは、専門知識を体系的に理解し、お客さまの求める情報や技術を的確に提供すること、そして、美容師としての幅を広げることにつながります。加えて、頭髪化粧品に対するお客さまの関心は非常に高まっていますが、ウェブやSNSなどを通してさまざまな情報が容易に手に入れられるようになった反面、"何を信じていいのかわからない"というお客さまが少なくないのも事実です。そんな方々に対し、プロからの毛髪に関する直接的なアドバイスは、必ずや、お客さまにとっての福音となるに違いありません。

タカラベルモント株式会社

第1章

カウンセリングで差がつく

毛髪の きほん知識①

この本では、お客さまにヘアデザインを提案する際に役立つ毛髪科学の知識・理論を学びます。毛髪科学に関する知識を深めれば、パーマ・ヘアカラー・トリートメントなどの施術時に裏づけを持つことができ、自信を持てるようになります。第1章は、毛髪科学を学ぶための、ベースとなる知識を取り上げます。

サロンワークで使える毛髪科学をマスターしよう

私は、この本のナビゲーターをつとめます、毛髪博士のサイオンジです。読者の皆さんには、この本を通じて、サロンワークで使える毛髪科学の知識をマスターしてもらいたいと思っています。最初に、なぜ毛髪科学をマスターすることが大切なのか考えてみましょう。

ナビゲーター
サイオンジ先生

● 毛髪科学を学ぶとできるようになること

髪は、ヘアデザインの素材です。では、素材の特性をくわしく知ることで、あなたはどのようなことができるようになるでしょうか? 思いつくだけ書き出してみましょう。

記入例/髪の状態に合わせたヘアカラー・パーマができるようになり、デザインの幅が広がる/ダメージを最小限に抑えた施術ができる/来店周期のコントロール/ヘアケアのアドバイスが的確に行なえる/自信を持って店販品をお客さまへおすすめできる

-
-
-
-

● この本の読み方

この本には、スタイリスト1年目のメリーさんが登場。毛髪科学が苦手なメリーさんも、この本を通じて疑問を解決していき、9ヵ月後には人気スタイリストへと成長! あなたが上に書き出したことも、できるようになります。

メリーさん

私と一緒に、毛髪科学マスターになろう!

PROFILE
太平洋に浮かぶヒツジ島出身。ヒツジ山美容専門学校卒業後、シープ美容室に入社。今年デビューしたばかりのスタイリストで、現在、指名売上アップを目指して奮闘中。

毛髪のきほん知識

サロンワーク発想で学ぶ 第1章のトピックス

カウンセリング時の、お客さまとの会話をスタート地点にして、毛髪の基本知識を学んでいきます。
ふだんのサロンワークの、お客さまとの会話の中にも、毛髪科学は関わっているのです。

STEP.3
⇓
p.17へ

毛髪に含まれている成分

毛髪が生え、抜けるまでのこと

STEP.1
⇓
p.10へ

トリートメントにはなぜ効果がある? 髪に必要な成分を知ろう。

髪はなぜ生え、抜けるのか。そのしくみを知ろう。

STEP.4
⇓
p.21へ

クセ毛の種類と原因

毛髪の内側と外側の構造

STEP.2
⇓
p.12へ

クセはどうしてできるの? クセ毛の原因を知ろう。

手触りやツヤはどうやってできるのか。毛髪の構造を知ろう。

毛髪の発生と周期

髪は伸びる！**けど**
どれぐらい伸びる？

ここでは、髪が発生してから抜け落ちるまでのサイクルを解説します。
髪が伸びるしくみを知ることで、お客さまの来店周期を的確に予測できるようになるでしょう。

① 今日もいい天気だな〜

とあるサロンの昼下がり。

② メリー、今日は○○さまが来店するんだろう？カウンセリングでヘアスタイルが決まったら、その髪型がどれぐらい持つのか伝えるといいよ。

はーい先輩。ありがとうございます！

憧れの先輩スタイリストからアドバイスをもらったメリーさん。

③ この髪型は、髪が伸びても2カ月間は持ちますから、それぐらい経ったらまたいらしてくださいね。

POINT ①

わかったわ。でも、どうして2カ月なのかしら。何センチぐらい伸びるの？

POINT ②

先輩に教えてもらった通りに、次回来店時期を伝えるメリーさんだったが……。

④ あ！そもそも髪って、ひと月でどれぐらい伸びるのかちゃんと知らなかったな。

髪が伸びるスピードを把握しておけば、次回来店時期の提案にも裏付けが持てるというもの。

こんなときに知っておきたい知識はコレだ！

POINT ① 毛髪の成長メカニズム

POINT ② ヘアサイクル（毛周期）

① 毛髪の成長メカニズム

毛髪は、毛根部の下部にある毛球から生える。毛球は、毛乳頭を包み込んでおり、この毛乳頭が、毛細血管から毛髪の原料となるアミノ酸やビタミン・ミネラルなどの栄養を受け取る。毛乳頭は、毛細血管から受け取った栄養を、毛球内の毛母細胞に渡す。栄養を得た毛母細胞は、分裂を繰り返して数を増やすことで積み重なり、押し上げられ、毛髪に変化（角化）していく。

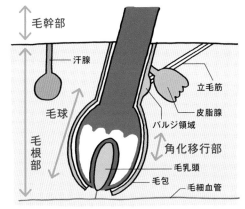

＜毛髪と頭皮＞

毛幹部
汗腺
毛球
立毛筋
皮脂腺
バルジ領域
角化移行部
毛根部
毛乳頭
毛包
毛細血管

毛髪の故郷へようこそ！

毛髪が発生する
毛球にズームアップ！

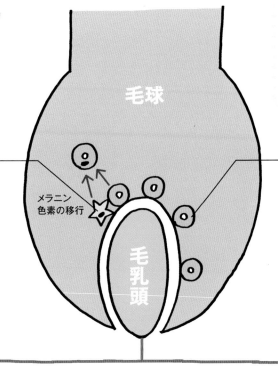

毛球

色素の親玉
メラノサイト

メラノサイトは、色素細胞と呼ばれるもので、毛髪の色を決定するメラニン色素をつくり、コルテックスになる毛母細胞にメラニン色素を渡す。

メラニン色素の移行

毛乳頭

髪の赤ちゃん
毛母細胞

毛乳頭から栄養を受け取った毛母細胞は、細胞分裂を繰り返し、髪を形づくるキューティクル、コルテックス、メデュラのいずれかになる（13ページ参照）。

毛細血管

② ヘアサイクル（毛周期）

毛周期とは、1本の毛髪が生まれてから抜け落ちるまでの周期をいい、男性の場合3〜5年、女性の場合4〜6年である。毛周期は、毛髪が成長する「成長期」、成長が終わって毛球が縮小し、毛乳頭の活動が停止する「退行期」、毛球部が押し上げられ、毛髪が頭皮にとどまっているだけの「休止期」、毛乳頭が活動をはじめ、新しい毛髪の成長が開始し、古い毛髪が抜ける「発生期」の4つの時期に分かれる。

成長期
3〜6年
毛髪全体の
85〜90%

退行期
1〜1.5ヵ月
毛髪全体の
1%

発生期
古い毛髪が
抜ける

休止期
4〜5ヵ月
毛髪全体の
10〜15%

髪の一生
ヘアサイクル

CHECK! 覚えておこう

● 日本人の毛髪本数は平均10万本！ ● 1日約50〜60本の自然脱毛！
● 毛髪の成長速度は1ヵ月に約1センチ（最も活発な時期で約1.2センチ）！
● 1本の毛髪の寿命は男性の場合で3〜5年、女性で4〜6年！

毛髪の内側と外側の構造
髪の内部はどうなっているの？

髪に、ツヤや指通りの良さを求めるお客さまは多いけれど、そもそも、髪はどのような構造をしているのでしょうか。
毛髪の構造を理解し、お客さまの悩みにより的確なアドバイスができるようになりましょう。

ツヤや指通りの悪さを訴えるお客さま。

キューティクルの傷みを不安に思っているお客さまだが、
メリーさんはその疑問に即答できない。

ツヤや指通りの良さを生み出す髪の構造について、詳しく知る必要がありそうだ。

こんなときに知っておきたい知識はコレだ！

POINT
① 毛髪の基本構造
POINT
② キューティクル領域の詳細
POINT
③ コルテックス領域の詳細
POINT
④ メデュラ領域の詳細

POINT 1 毛髪の基本構造

毛髪は、キューティクルとコルテックス、メデュラの3つの領域で構成されている。

● **キューティクル（毛表皮）**／無色透明なウロコ状で、1枚で毛髪の外周の1/2～1/3を包み、たけのこの皮や瓦屋根のよに重なっている。
● **コルテックス（毛皮質）**／葉巻状の形をしていてタテ方向につながり、比較的規則正しく並んでいる。
● **メデュラ（毛髄質）**／基本的には毛髪の中心部にあるが、細い毛にはなく、普通毛でも途中で切れているように見える場合がある。

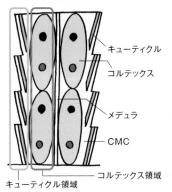

<毛髪断面（タテ）>
キューティクル
コルテックス
メデュラ
CMC
キューティクル領域　コルテックス領域

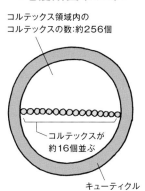

<毛髪断面（ヨコ）>
コルテックス領域内のコルテックスの数：約256個
コルテックスが約16個並ぶ
キューティクル

髪の内部
コルテックス領域

コルテックス領域は、コルテックスと、コルテックス同士を接着させるCMCからなる。コルテックス領域で毛髪全体の85～90％を占め、毛髪の水分保持、強度やコシ、髪色（コルテックス内にあるメラニン色素による）、に大きく影響を与える。

コルテックス

コルテックスは、髪色を決定するメラニン色素と、毛髪内の水分を一定に保つNMF（天然保湿因子）を保持。

<CMC>
CMCは、キューティクル間、キューティクル・コルテックス間、コルテックス間に存在し、隣り合った細胞同士を接着する役割を持つ。水や薬剤の通り道にもなっている。

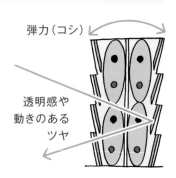

弾力（コシ）
透明感や動きのあるツヤ

未知なる芯
メデュラ領域

メデュラ領域の機能は未解明な部分が多いが、髪の透明感やツヤ、色の見え方に影響することがわかってきている。

髪を守る
キューティクル領域

キューティクル領域は、キューティクルと、キューティクル同士を接着するCMCからなる。キューティクル領域だけで毛髪全体の10～15％を占め、毛髪のツヤや手触り、硬さに大きく影響する。また、ブラッシングなどの物理的刺激および、水や薬剤などの化学的刺激から毛髪内部を保護する。

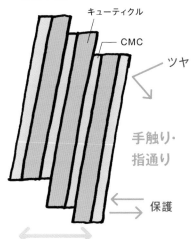

キューティクル
CMC
ツヤ
手触り・指通り
保護

硬さ（ハリ）＝キューティクルの重なる枚数
硬毛：7～10枚／軟毛：3～5枚

CHECK! 覚えておこう
表面が整っているだけでなく、内部の構造もしっかりと詰まっていることで、毛髪に強度・弾力・ツヤ・指通りの良さなどが生まれる。

② キューティクル領域**の詳細**

キューティクルは、外側から①エピキューティクル②A-層③エキソキューティクル④エンドキューティクル⑤inner-層の5層でできている。キューティクルとキューティクルの間にあるCMCは、外側から⑥lower-β層⑦δ層⑧upper-β層の3層。さらに⑧upper-β層は、次のキューティクルの①エピキューティクルをすべて覆っており、ほかのCMC成分⑥⑦と完全には重なっていない。各層の特徴は16ページを参照。

①エピキューティクル
②A-層
③エキソキューティクル
④エンドキューティクル
⑤inner-層
⑥lower-β層
⑦δ層(デルタ層)
⑧upper-β層

CMC
キューティクル
CMC　キューティクル
⑧⑦⑥　⑤④③②①

<キューティクルの大きさ>

50〜100μm

毛髪外周の1/2〜1/3

0.5〜1μm

1μm(マイクロメートル)=0.001mm
1nm(ナノメートル)=0.001μm
CMCの厚み:40〜60nm　水の通り道:0.5〜1nm

③ コルテックス領域**の詳細**

コルテックスは、数個から数十個のマクロフィブリルが集まってできている。マクロフィブリルの間には、親水性の高い非ケラチンタンパク質があり、メラニン色素やNMF(天然保湿因子)が含まれている。マクロフィブリルは、さらに数個から数十個のミクロフィブリルとマトリックスでできており、ミクロフィブリルは8本のプロトフィブリルの集合体。プロトフィブリルは、4本のフィブリルが集まってできている。つまりマクロフィブリルは、マトリックスとミクロフィブリルでできている、と覚えよう。

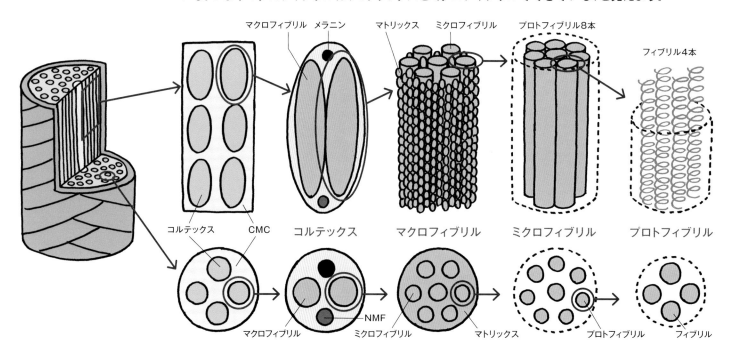

マクロフィブリル　メラニン　マトリックス　ミクロフィブリル　プロトフィブリル8本　フィブリル4本

コルテックス　CMC　コルテックス　マクロフィブリル　ミクロフィブリル　プロトフィブリル

マクロフィブリル　ミクロフィブリル　NMF　マトリックス　プロトフィブリル　フィブリル

④ メデュラ領域の詳細

メデュラは、同じ人の毛髪でも、それぞれに状態が大きく異なる多様性に富んだ構造をしている。毛髪によっては存在していない場合もあり、存在していたとしても、キューティクルやコルテックスのように必ずしも連続してあるわけではない。

また、キューティクルやコルテックスのような規則正しさはなく、スポンジ状のケラチンが無秩序に存在し、多くの空隙（隙間）や袋状の空胞を含む構造となっている。この空隙や空胞の状態もさまざまで、多様な形態が存在する。

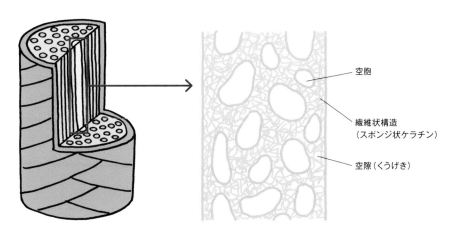

空胞

繊維状構造
（スポンジ状ケラチン）

空隙（くうげき）

さまざまなメデュラが存在する！

メデュラの分類	メデュラがない	空隙が少ない	空隙が少ない箇所と多い箇所が混ざっている	全体的に空隙が多い	メデュラが空洞
イメージ					
特徴	キューティクルより内側はコルテックスに占められている。このようなメデュラのない毛は、毛径が小さい場合が多い。	メデュラの空隙が少なく、コルテックスと見分けにくい。見え方の違い方から、「ホワイトメデュラ」とも言われる。	空隙の量が異なるブラック・ホワイトの両メデュラが混在している。ダメージにより、空隙がさらに増えやすい状態。	全体的に空隙が多い。メデュラとコルテックスが明確に識別でき、「ブラックメデュラ」とも言われる。太い毛髪で出現しやすい。	中心部が完全に空洞になっており、健康なヒトではほとんど見られない。なお、ホッキョクグマなどの動物では保温に寄与していると考えられている。

毛髪の構造・成分・特徴

構造				成分	特徴
キューティクル領域	キューティクル	①エピキューティクル		ケラチンタンパク質・脂肪酸	● 半透明膜　● 水蒸気や空気は透過・硬くてもろい ● 疎水性（水をはじく）で化学薬品に対する耐性あり
		②A-層		ケラチンタンパク質 （シスチン含有量高）	● 一般的な化学薬品に対する耐性あり ● 疎水性が比較的高い
		③エキソキューティクル		ケラチンタンパク質 （シスチン含有量中）	● 親水性が比較的高い（A-層と比べて疎水性が低い） ● パーマ剤に対しての耐性は低い
		④エンドキューティクル		ケラチンタンパク質 （シスチン含有量低）	● 酸性および塩基性の親水性アミノ酸がキューティクルの中で一番多く、水分を含むと膨潤する ● 紫外線でダメージを受けやすい
		⑤inner-層		ケラチンタンパク質・脂肪酸	● パーマ剤に対しての耐性は低い
	CMC	⑥lower-β層		脂肪酸	● 孔（あな）があいたように並んでいる ● アルカリにより流出しやすい性質
		⑦δ層（デルタ層）		疎水性繊維状タンパク質（※右欄a） 球状タンパク質（※右欄b） 親水性タンパク質（※右欄c）	● 水や薬剤の通り道 ● CMC全体としては、「lowerβ層-a-b-c-b-a-upperβ層」のサンドイッチ構造になっている
		⑧upper-β層		脂肪酸	● 密に並んでいる ● アルカリにより流出しやすい性質 ● 疎水性
コルテックス領域	コルテックス	マクロフィブリル	フィブリル	α-ケラチンタンパク質 （分子量50,000〜80,000）	● 結晶型（α-ヘリックス構造・らせん階段状） ● 非常に安定した構造
			マトリックス	γ-ケラチンタンパク質 （分子量10,000〜22,000） （シスチン含有量高）	● 非晶型（ランダムコイル状・糸くずを手でまるめたような状態） ● 水分で膨潤しやすい
		マクロフィブリル間	メラニン色素	ユーメラニン（黒〜褐色） フェオメラニン（赤褐色〜黄色）	● 毛髪の色み
			NMF	アミノ酸・ピロリドンカルボン酸・ポリペプチドなど	● 保湿性がある
			タンパク質	非ケラチンタンパク質	● 親水性が高い
	CMC	β層		脂肪酸・セラミド・コレステロール（CMC脂質）	● アルカリにより流出しやすい性質
		δ層		疎水性繊維状タンパク質（※右欄a） 球状タンパク質（※右欄b） 親水性タンパク質（※右欄c）	● 水や薬剤の通り道 ● CMC全体としては、「β層-a-b-c-b-a-β層」のサンドイッチ構造になっている
メデュラ				ケラチンタンパク質・脂質（脂肪酸など）	● 酸性アミノ酸が多い

髪の成分

そもそも髪って
どんな成分でできているの?

次に、髪の成分について学びます。
トリートメントをお客さまにおすすめする際に知っておくと、施術内容にも自信が持てます。

POINT 1

髪の傷みが気になってるんですよね〜。

今日はどんなメニューをご希望ですか?

悩みを打ち明けるお客さま。

よし! 先輩がよくおすすめしているあのトリートメントにしよう!

先輩スタイリストがよく提案しているという理由だけで使用するトリートメントを決め、おすすめするメリーさん。

でもそもそも髪ってどんな成分でできているんですか?

POINT 2〜4

お客さまから鋭い質問が飛ぶ。

こ、答えられない!

メリーさんは、お客さまのマニアックな質問にたじたじ。プロとして髪の成分は知っておきたいところだが……。

こんなときに知っておきたい知識はコレだ!

POINT ① 毛髪成分の構成

POINT ② ケラチンタンパク質と非ケラチンタンパク質

POINT ③ 毛髪の等電点　**POINT ④ その他の成分**

① 毛髪成分の構成

まずは、毛髪成分の構成を知ろう。毛髪は、その大部分がケラチンタンパク質と非ケラチンタンパク質からできており、残りがCMC脂質（脂肪酸、セラミド、コレステロール）、水分、メラニン色素、NMFなど。全体の80％はタンパク質（ケラチンタンパク質と非ケラチンタンパク質）でできている。また各成分には、下の表のように、それぞれ役割があるのでしっかり覚えておこう。

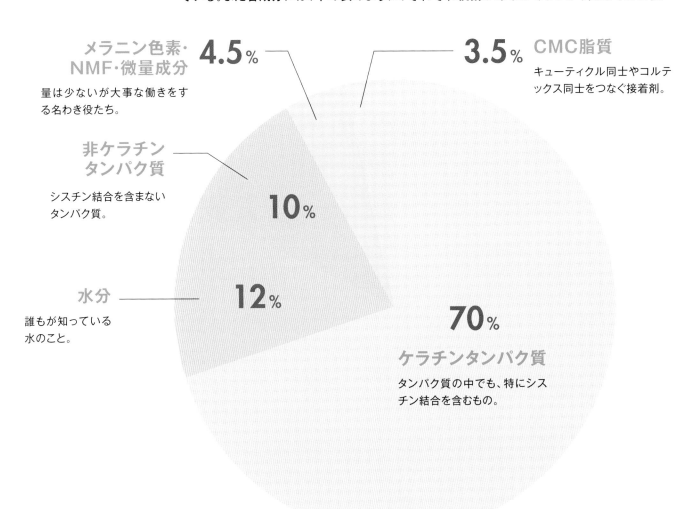

メラニン色素・NMF・微量成分 4.5%
量は少ないが大事な働きをする名わき役たち。

非ケラチンタンパク質 10%
シスチン結合を含まないタンパク質。

水分 12%
誰もが知っている水のこと。

CMC脂質 3.5%
キューティクル同士やコルテックス同士をつなぐ接着剤。

ケラチンタンパク質 70%
タンパク質の中でも、特にシスチン結合を含むもの。

毛髪成分と役割

	ツヤ	硬さ（ハリ）	保護	強度	水分保持	透明感	弾力（コシ）
ケラチンタンパク質・非ケラチンタンパク質	★	★	★	★	★	★	★
CMC脂質			★		★	★	★
メラニン色素						★	
NMF					★	★	★

各毛髪成分とその役割は左表の通り。ケラチンタンパク質や非ケラチンタンパク質とCMC脂質が髪の美しさに大きくかかわっていることが分かる。現在流通しているヘアケアアイテムは、各毛髪成分の役割をサポートするものである。

CHECK！
覚えておこう
髪の8割はタンパク質！

② ケラチンタンパク質と非ケラチンタンパク質

前のページで明らかにした通り、毛髪1本の80%はタンパク質でできている。では、タンパク質とは何か。タンパク質とは、酸とアルカリの両方の性質を持ったアミノ酸が70個以上つながったものを意味する。このアミノ酸には全部で18種類あるが、シスチンを含むものを特にケラチンタンパク質と呼ぶ。そして、シスチンを含まないものを非ケラチンタンパク質と言う。

アミノ酸の構造

NH_2（アミノ基）— C（炭素）— COOH（カルボキシル基）

R アミノ酸の種類によって変わる（全18種類）。

H（水素）

アミノ酸は18種類

アミノ酸の分子記号は左のようになる。Rに入る構造は全部で18種類あり、どの構造であってもアミノ酸であることに変わりはない。

R＝アラニン、グリシン、バリン、ロイシン、イソロイシン、プロリン、フェニルアラニン、チロシン、トリプトファン、セリン、スレオニン、シスチン、メチオニン、アルギニン、リジン、ヒスチジン、アスパラギン酸、グルタミン酸

ケラチンタンパク質とは？

アミノ酸が70個以上つながったもので、その中にひとつでも「シスチン」を含んでいるものをケラチンタンパク質と呼ぶ。ケラチンタンパク質は、キューティクル、コルテックス、CMC、メデュラに存在する。

ポリペプチド（PPT）

上記のアミノ酸同士が、数個〜70個結合したものをポリペプチド（PPT）と呼ぶ。なお、「ペプチド」とは、アミノ酸同士の結合の仕方のひとつ。

（PPT）

タンパク質

ポリペプチド（PPT）がつながることでタンパク質になる。

主鎖と側鎖

アミノ酸は、ここまで説明してきたタテ方向へのつながり（＝主鎖）のほかに、ヨコ方向へのつながり（＝側鎖）がある。タテ方向はペプチド結合によって、ヨコ方向はシスチン結合、塩結合、水素結合によってつながっている。

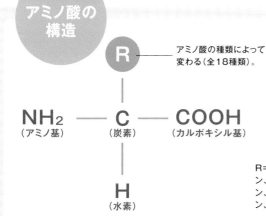

← 側鎖 →　切断可能なヨコのつながり。

シスチン結合、水素結合、塩結合

とても強いつながりで髪のタテ方向の繊維をつくる。

主鎖

ペプチド結合

CHECK! アミノ酸の結合いろいろ

● **ペプチド結合（CO-NH結合）**…主鎖の結合。
アルカリ性過酸化水素、強酸、強アルカリにより切断される。

● **シスチン結合（S-S結合）**…側鎖の結合。
パーマの1剤で切断され、2剤で再結合する。

● **水素結合（C=O…HN結合）**…側鎖の結合。
水により切断され、乾燥させると再結合する。寝グセが水によって直るのは水素結合のため。

● **塩結合（NH3⊕…⊖OOC結合）**…側鎖の結合。
等電点をはずれると切断され、等電点に戻すと再結合する。等電点のときの結合が最も強い。アルカリで髪が膨潤するのは、この塩結合が切れるため。

③ 毛髪の等電点

毛髪の等電点は

pH4.5〜5.5！

よく出てくる数字なので、必ず覚えておこう。

毛髪の等電点とは、毛髪内のタンパク質の結合が、主鎖・側鎖ともに安定するpH（酸性〜アルカリ性の程度を表す数値）のこと。結合が最も安定した状態なので、毛髪の形状が落ちつく。その等電点はpH4.5〜5.5（弱酸性）。アルカリの力を使って塩結合を切断し、毛髪を膨潤させるパーマやヘアカラーの施術後に、弱酸性の酸リンスを使用するのは、アルカリに傾いた毛髪内のpHを等電点に近づけ、状態を安定させるのが目的。

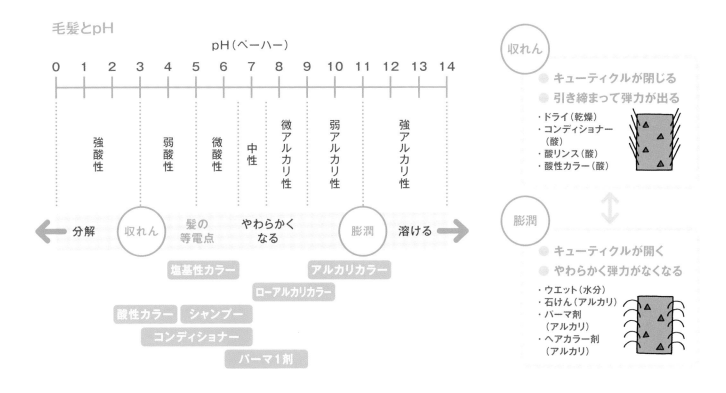

POINT

④ その他の成分

毛髪成分について、タンパク質を中心に解説してきたが、それ以外の成分をここで紹介する。

メラニン色素

皮膚や毛髪などに含まれる黄色〜赤色・褐色〜黒色の顆粒状の色素で、コルテックス内に存在する。

NMF

天然保湿因子（natural moisturizing factor）の略。NMFは、コルテックス内に存在し、毛髪中の水分を一定に保つ。

水分

水分は、通常の乾燥した状態で12%程度、毛髪の成分にしっかり保持されているが、この中には、200℃以上の熱で毛髪から離れてしまう「結合水」を含んでいる。このほかに、湿度の影響を受ける「自由水」、ウエット状態で毛髪が吸収している「吸着水」がある。

CMC脂質

キューティクル間やコルテックス間に存在。キューティクル同士やコルテックス同士をつなぎ、外的な刺激から毛髪を保護し、また毛髪成分の流出を防いで水分を保持する働きがある。前処理剤やトリートメント剤には、このCMC脂質と同様の働きをする成分を配合したものが多い。

微量成分

毛髪に含まれるごく微量の成分が、体内の情報を反映していることから、医療や研究の面で注目されている。例えば、中〜長期のストレス指標としての「コルチゾール」や病気の早期発見マーカーとしての「カルシウム」など。毛髪は採取が容易かつ部位により生えた時期が分かるため、過去の生体情報を蓄積する性質があると考えられている。

クセ毛の原因って何だろう?

ここでは、髪のクセについて解説します。
クセに対応したカット・パーマ・ヘアカラーができるようになるためにも、クセの基本知識をマスターしましょう。

❷

確かにうねっている。考えてみれば、どうして湿度が高いと髪はうねりやすいのかな?

メリーさんは、クセが生まれるしくみについて知りたいと思った。

POINT
1~3

○○さんはきれいな直毛ですね!

POINT
4

湿度が高いとうねりますよー。

メリーさんはカウンセリングで髪の表面だけを見て直毛と判断したが、お客さまは違うという。

こんなときに知っておきたい知識はコレだ!

POINT
❶ クセ毛の原因

POINT
❷ クセ毛の種類

POINT
❸ クセ毛の実際

POINT
❹ クセ毛と水分

クセ毛は、お客さまのお悩みでもトップに挙がる項目。しっかり学んでおきましょう!

POINT ① クセ毛の原因

毛髪が成長する部分である「毛球」が「いびつ」「ひずみがある」「小さい」など変形していることで、毛髪断面が楕円形やひずんだ形になり、クセ毛となる。
また、毛髪の内部構造が偏ることもクセ毛の一因。毛髪にはコルテックス細胞が詰まっているが、クセ毛の場合、クセの内側にはコルテックス細胞が平行に集まっているのに対して、クセの外側にはスパイラル状にねじれた状態で詰まっている。この偏りが、うねりを生む。生まれ持った性質以外にも、加齢やダメージなどにより、クセが出たり、強くなったりすることがある。

要因①

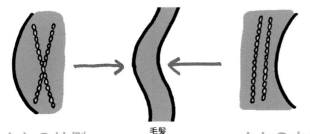

毛髪

クセの外側
コルテックスが傾いていたり、ゆがんで並んでいる。シスチンが少なく、酸性アミノ酸が多いため、湿気による影響を受けやすい。

クセの内側
コルテックスが毛髪の縦軸に対して平行に並んでいる。シスチンを多く含むタンパク質でできており硬い。水分を吸いにくい性質のため、湿気による影響を受けにくい。

| 毛球が「いびつ」「ひずみ」「小さい」 | 毛髪の角化する部分が楕円状になっていることで、毛髪断面が楕円形になる。 |

毛径指数…直毛100（毛髪の長径と短径の比率で、数値が小さいほど楕円が大きい）
■ 日本人：75～85　■ 黒人：50～60　■ 白人：62～72

＜毛髪断面＞

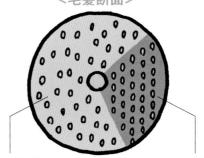

クセの外側
親水性の高いコルテックスが多く詰まっている。

クセの内側
疎水性の高いコルテックスが多く詰まっている。

要因②

| 加齢 | 弾力が弱くなることにより、 |
| ダメージ | 直毛⇒クセが出てくる　クセ毛⇒クセが強くなる |

POINT ② クセ毛の種類

クセ毛は基本的に、生まれつき（遺伝的に）直毛ではない毛髪のことを言う。
クセ毛は主に「波状毛」「捻転毛」「連珠毛」「縮毛」の4種類に分けられる。
ただし、ひとりの毛髪でも、波状毛と捻転毛が混在していたり、全体としては直毛であっても部分的に波状毛が存在しているなど、その状態はさまざま。

直毛	波状毛	捻転毛	連珠毛	縮毛
表面が滑らかな曲面で、断面が正円形。	大きくうねりを描いたり、ゆらゆらと波打っている。断面は楕円形。	コイル状にねじれているタイプのクセ毛。	数珠が連なったような形状。髪の太さが一定ではなく、凸凹感がある。	最も深刻なクセ毛。毛髪が縮れた状態になっている。

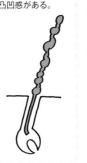

日本人とクセ毛

親	生まれる子ども
直毛×直毛	直毛97%
直毛×波状毛	直毛70%、波状毛29%
直毛×縮毛	直毛60%、縮毛24%
波状毛×波状毛	波状毛86%、直毛14%

③ クセ毛の実際

サロンワークで実際に触れる「クセ毛」は、形・性質の異なる4種類のクセがさまざまに混ざり合った状態で、大まかに下のような5つのタイプに分かれる。乾いた状態では同じように見えるクセ毛でも性質が異なり、「濡らしてもクセが弱くならない」「切れ毛が多い」髪は、よりクセの強い状態だ。

クセのタイプ	1	2	3	4	5
リングコーム（約20センチ）の長さでチェック。1パネルの厚さは5mm以下					
特徴	うねるクセがありシャンプー後にまっすぐになる 毛髪1本のすべりはよく、ざらざらしない 湿度が高いとうねりやすい	シャンプー後にクセが残ることが多い 毛髪1本のすべりが悪い部分が多い 湿度が高いとふくらむ 一番多いクセのタイプ	見た目にクセが強い ブローなどスタイリングが大変 シャンプー後にクセが残る 手触りが悪い	かなりクセが強い ストレートパーマをしないとおさまらない 切れ毛などが多い	かなりクセが強い 新生部に切れ毛がある
波状毛	ほとんどが波状毛	少しある	少しある		
捻転毛	弱い捻転毛が混ざっている	強い捻転毛が多い	強い捻転毛が多い		
連珠毛			混ざっていることがある	混ざっていることがある	少しある
縮毛			混ざっていることがある	少しある	多い

④ クセ毛と水分

クセ毛と水分の関係は大きく3種類に分けられる。

● 湿度が高い時や水に濡れている時にクセが出てくる「シスチン結合の影響が大きいクセ」

● 乾燥している時にクセが出て来る「水素結合の影響が大きいクセ」

● 湿度が高い時やウエット時のクセがドライ時にさらに強くなる「シスチン結合と水素結合の両方が影響しているクセ」

クセ毛のタイプ	ドライ時	湿度の高い時	ウエット時
ウエット時にクセが出る ＝ シスチン結合の影響が大きいクセ	シスチン結合の影響よりも水素結合の影響が強く、ドライ時は比較的クセが伸びる。	湿気により、水素結合の一部が切断され、水素結合の影響が減少することで、シスチン結合の影響が強くなり、クセが出てくる。	ウエットにすることで、さらに水素結合が切断され、その影響が減少。シスチン結合の影響が強くなり、クセが強く出る。
乾燥している時にクセが出る ＝ 水素結合の影響が大きいクセ	水素結合の影響がシスチン結合の影響より強いため、ドライ時にクセが出てくる。	湿気により、水素結合の一部が切断され、水素結合の影響が低下。シスチン結合の影響の方が強くなり、クセが弱くなる。	ウエットにすることで、さらに水素結合が切断され、水素結合が弱くなる。一方、シスチン結合の影響が強くなり、クセが伸びる。
ウエット時のクセが、乾燥時にさらに強くなる ＝ シスチン結合と水素結合の両方が影響しているクセ	シスチン結合と水素結合の影響が出てきてクセが強く出る。	湿気により、水素結合の一部が切断され、水素結合の影響が弱くなるが、シスチン結合の影響でクセが出る。	ウエットにすることで、さらに水素結合が切断され、その影響が弱くなるが、シスチン結合の影響でクセが強く出る。

CHECK! 覚えておこう
クセ毛は、生まれつきだけではなく、さまざまな要因で強く出る！

第1章は、毛髪科学を学ぶ上で絶対に欠かせない、毛髪の構造や成分といった基本知識を主に学びました。この本で、何度も出てくる大切なキーワードがたくさんあったので、ぜひマスターしておきましょう。

第1章 毛髪科学マスターへの道 復習テスト

下記の2つの質問について、それぞれ答えてください。

● 毛髪は3つの領域からできています。各層の名称をすべて答えてください。

● ケラチンタンパク質と非ケラチンタンパク質の違いについて答えてください。

お客さまに聞かれたらこう答えよう！
【第1章／サロンワークで使えるスタンバイコメント集】

Q. 髪って1ヵ月で何センチぐらい伸びるの？

平均1センチ伸びます。また、1本の髪の寿命は、女性で4〜6年、男性で3〜5年と言われていて、1日に平均50〜60本が自然脱毛しているんですよ。

Q. 指通りとツヤが悪くなるのはなぜ？

髪に元気がなくなると、指通りやツヤが悪くなってしまいます。髪は、キューティクルと呼ばれる薄い膜で包まれています。そのキューティクルがダメージを受け、内容成分が流出することで指通りとツヤが失われるのです。

Q. 髪って何のために生えてるの？

髪が生えている理由としては、基本的には、「人間の身体を守るため」です。太陽光からの紫外線を防いでくれたり、衝撃を吸収してくれたり、体内の老廃物（金属）を体外に排出してくれたりと、さまざまな役割があります。

Q. 髪ってどんな成分でできているんですか？

髪の8割はタンパク質でできています。ほかには、髪の色を決定するメラニン色素や髪の油分のもとであるCMC脂質、水分などが含まれています。

Q. クセ毛の原因って？

髪にクセがつくのは、髪が生まれる毛球がゆがんでいたり、ひずんでいたりすることが原因で、遺伝的要素が強いと言われています。また、髪の中に水分を吸いこみやすい部分と吸い込みにくい部分が偏って存在していると、湿気によってクセが強くなることがあります。加齢とともにクセが強くなるケースも多いです。

キューティクル、コルテックス、メデュラの3層です。 ● ケラチンタンパク質はかたく、じょうぶですが、非ケラチンタンパク質はやわらかく、水に溶けやすいといった性質があります。

答えは：

第2章

カウンセリングで差がつく

毛髪のきほん知識②

第1章に引き続き、毛髪の基本知識となるダメージやエイジング（加齢による髪質の変化）、脱毛について取り上げます。いずれのテーマも現代女性が抱えがちな、髪の悩みに直結する問題です！ 的確な毛髪診断を行ない、お客さまの信頼を勝ち取りましょう。

毛髪のきほん知識

サロンワーク発想で学ぶ 第2章のトピックス

カウンセリング時の、お客さまとの会話をスタート地点にして、毛髪の基本知識を学んでいきます。
ふだんのサロンワークでお客さまとしている会話の中にも、毛髪科学は関わっているのです。

STEP.4
⇓
p.34へ

加齢で髪はどう変化する？

加齢による髪の変化を知ろう。

STEP.1
⇓
p.28へ

毛髪が傷む原因って？

毛髪をダメージさせる要因を知ろう。

STEP.5
⇓
p.40へ

脱毛には種類がある？

不自然な脱毛について知ろう。

STEP.2
⇓
p.30へ

ダメージレベルって何？

損傷の程度を表すダメージレベルを知ろう。

ダメージは複雑化する？

STEP.3
⇓
p.32へ

さまざまな要因が重なったダメージについて知ろう。

的確なダメージ診断を行なおう!

サロンワークで的確な毛髪診断ができてこそ、毛髪科学は「使える知識」になります。
ここでは、ダメージレベルをはかるための一般的な方法を紹介!

見て確認
新生部の健康的な髪と比べて、ツヤにチラつきがないか、白茶けていないかなどを確認する。

触って確認
ドライな状態の髪に触れた際、しっとりとして重く感じるのが健康毛、パサパサして温かく感じるのがダメージ毛。またウエット時に毛髪を引っ張るチェック方法もある。健康毛を引っ張ると、通常1.5倍程度の長さまで伸びるが、ダメージしていると、ゴムのように伸びたり、途中で切れたりする。

聞いて確認
お客さまに、髪の扱いやすさや手触り感について聞いてみることも大切。パーマ・ヘアカラー・ストレートなどの施術履歴についても聞き、ダメージ診断の参考にする。

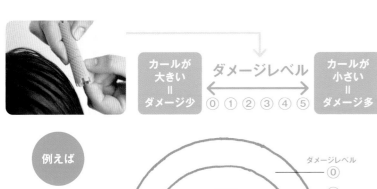

カールが大きい＝ダメージ少 ←ダメージレベル→ カールが小さい＝ダメージ多
⓪①②③④⑤

サロン内でダメージレベルを統一! 15ミリロッドではかる方法

ダメージ診断は、スタッフ間での感覚の違いから、認識にズレが生じてしまいがち。そこで、ダメージ診断の認識を統一しやすい方法を紹介する。まず、1分間温水で湿らせた毛髪1本を15ミリロッドに巻きつけ、ドライヤーで乾燥。その後、髪をロッドからはずし、できたカールの大きさでダメージレベルを判断するというもの。ダメージが少ないほど毛髪が水を吸い込まず弾力があるので、できるカールは大きくなる。反対に、ダメージが進んでいるほど毛髪が水を吸い込んで弾力がなくなるので、カールは小さくなる。

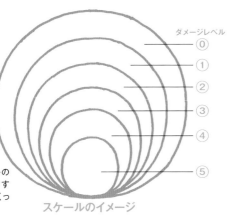

例えば
右のように、カールの大きさをチェックするスケールがあれば、ダメージレベルの統一をはかりやすい。

髪を当ててカールの大きさをチェックするスケールをつくってみよう!

ダメージレベル
⓪①②③④⑤
スケールのイメージ

健康毛の疎水性に基づいたチェック方法。試してくだサイ!

毛髪ダメージ

毛髪が傷む原因を
お客さまに説明できますか?

ここでは、髪の毛が傷む原因について紹介します。
完全な健康毛のお客さまが少なくなった今、ぜひ押さえておくべき項目です。

①

髪の毛は
扱いやすかった
ですか?

うーん。
毛先がからまって
とかしづらいときが
ありました。

再来店したお客さまへの事前カウンセリングで、髪の扱いやすさについて聞くメリーさん。

②

毎晩シャンプーや
トリートメントを
しているんだけど……。
どうして
傷むのかしらね?

お客さまは、毛髪を傷ませている原因が、いまいち思い当たらないようだ。

③

髪が傷む要因は大きく
4つに分けられます。
シャンプーの仕方で
傷む場合もあり、
そのときの「摩擦」によって
キューティクルが
はがされている可能性が
考えられます。
ほかには……。

へぇ〜!
髪っていろんな
原因で傷むのね。
もっと詳しく
教えてほしいな。

① POINT

お客さまは、毛髪のダメージ原因に興味しんしん。信頼を得られるチャンス!

こんなときに知っておきたい知識はコレだ!

POINT
① 毛髪ダメージの要因

POINT 1 毛髪ダメージの要因

毛髪のダメージとは、キューティクルがはがれ落ちたり、コルテックス内部の間充物質が流出したりすることにより、もともと疎水性（水をはじく性質）の高い毛髪が親水性になって、ハリ・コシ・弾力などが失われる現象。外部環境からの刺激に加え、パーマやヘアカラー、スタイリング剤などの化学的な刺激、熱や摩擦などの物理的な刺激によって毛髪はダメージを受ける。

毛髪ダメージの4分類

濡れた髪に対する摩擦ダメージ	過度な施術によるダメージ
環境などによるダメージ	熱によるダメージ

濡れた髪に対する摩擦ダメージ

● コーミング

水に濡れ、膨潤してキューティクルが開いた髪に対してテンションをかけてコーミングすると、キューティクルがはがれ落ちるなど傷つきやすくなる。

● シャンプー

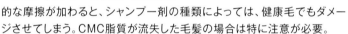

シャンプー時の泡立てやマニュピレーション（マッサージ）といった物理的な摩擦が加わると、シャンプー剤の種類によっては、健康毛でもダメージさせてしまう。CMC脂質が流失した毛髪の場合は特に注意が必要。

● タオルドライ

タオルドライ時の過度な摩擦で、キューティクルがダメージを受ける。

環境などによるダメージ

● 紫外線

コルテックス内のメラニンやタンパク質に悪影響を与える。

● ストレス

ストレスや睡眠不足などは毛球の機能低下につながる。また、ストレスにより血流が悪くなると髪に栄養が届きづらくなり、健康な髪が生えなくなる。

● 食生活

アミノ酸を含んだタンパク質やビタミン、ミネラルの摂取が不足すると、毛髪が光沢を失い、細く痩せ、最後には抜け落ちてしまう。

CHECK! 覚えておこう

毛髪ダメージは、さまざまな要因が重なって起こる!

髪が濡れているときは特に優しく扱おう!

過度な施術によるダメージ

● カット不良

あまり切れないシザーズやレザーでカットしたり、カット技術の不良でキューティクルを削り取ってしまうと、その切り口や傷口からコルテックスの水分が蒸発したり、薬剤が浸透しやすくなって、枝毛や切れ毛が発生する。

● 過度なヘアカラー

ヘアカラー（アルカリ剤）によるダメージは、髪の表面に近い、キューティクル領域に対する影響が比較的大きい。また施術後に、毛髪に過酸化水素が残存している場合、メラニン色素の分解や流出が進行する。

● パーマ施術不良

パーマによるダメージは、ヘアカラーによるダメージに比べて、コルテックス領域に対する影響が大きい。毛髪内部の構造変化が起こるので成分が流出しやすくなるからだ。したがって、毛髪強度が下がりやすい。

熱によるダメージ

● ドライヤーの熱

急激な水分蒸発で、キューティクルが開き、割れてしまうことも。また、コルテックスに空洞ができることもある。

● アイロンの熱

過度な加熱により、タンパク熱変性や内部構造の破壊が起き、コルテックスおよびメデュラに気泡ができはじめ、毛髪から弾力が失われる。250℃以上になると、毛髪は溶ける。

ブレない指標！ダメージレベルとは？

ダメージレベルとは、髪の損傷の程度を数値化したものです。
ダメージレベルに基づいた的確な毛髪診断と、各レベルに応じた薬剤選定がお客さまの髪を美しく輝かせます。

2

そっか。○○さんのダメージレベルはいくつだったの？髪の状態に合わせて使用薬剤を選んだ？

POINT 1~2

あ、先輩！今日は○○さんにヘアカラーをすることになりました。

さっそく、ヘアカラーをしていきましょう！

1

うん。お願いします！

先輩からアドバイスを受けるも、ダメージレベルに合った使用薬剤の選定に自信がないと感じたメリーさん。そもそも、ダメージレベルって何だろう？

事前カウンセリングを通じて、ヘアカラーすることが決まった。

こんなときに知っておきたい知識はコレだ！

POINT ① ダメージレベル

POINT ② ダメージレベルと薬剤選定

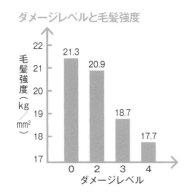

ダメージレベルと毛髪強度

毛髪強度（kg／mm²）

21.3　20.9　18.7　17.7

0　2　3　4
ダメージレベル

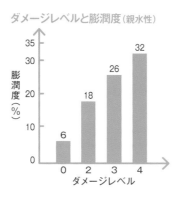

ダメージレベルと膨潤度（親水性）

膨潤度（%）

6　18　26　32

0　2　3　4
ダメージレベル

POINT ① ダメージレベル

毛髪のダメージレベル（損傷度合い）を的確に診断して把握することは、パーマやヘアカラー、トリートメントなどを施術する際にとても重要になる。本書では、ダメージの程度を損傷が小さいものから6段階（0～5レベル）で表現。一般に、毛髪ダメージが進むにつれ、髪は親水性を高め、強度が低くなる。そのことを示したデータが左の2つのグラフである。

5	4	3	2	1	0	ダメージレベル
						電子顕微鏡写真で見る毛髪の状態
					キューティクル／コルテックス	イラストで見る毛髪の状態
パーマ、ヘアカラー複合連用＋熱処理、ハイブリーチ、ホット系パーマ、縮毛矯正連用	パーマ、ヘアカラー連用、アイロンストレート、ホット系パーマ、縮毛矯正単独	パーマ、ヘアカラー連用　複合施術	パーマ・ヘアカラーの単独使用	セニング・ブローなどによる乾燥		損傷要因
						セラミド※ ／ 毛髪内成分の量
						メラニン※
						NMF※
						PPT※
キシキシして手が引っかかる　濡れた状態で引っ張ると切れる毛がある	キシつく、コシがない、濡れた状態で引っ張ると極端に伸びる	コシが弱く、ゴワゴワしてブラシが引っかかる	コシがやや弱いゴワつきがある	ややゴワつきあり	ツルツルの手触り	手触り・弾力
タオルドライでも表面が乾くほどバサつきがひどい	タオルドライでも乾く部分があるほどバサバサ	水を吸い込みやすい乾燥している	水をやや吸い込む乾燥している	水をはじくやや乾燥している	水をはじく潤いは十分	潤い
枝毛・切れ毛が多い	バサバサ、ツヤがなく白茶けている	チリつきがあり、枝毛になっている	ツヤがやや弱く、ブラシが引っかかる	ツヤがやや弱い	ツヤ、弾力がある	ツヤ・その他
17以上	17以上	14～16	10～13	6～9	5以下	明度レベル（アンダーカラー）

※セラミド…外的刺激から毛髪を保護し水分を保持する　※メラニン…色素細胞であると同時に紫外線から毛髪を守る　※NMF…毛髪中の水分を一定に保つ　※PPT…ポリペプチドの略。髪の主成分

POINT ② ダメージレベルと薬剤選定

ねらったデザインを実現するためには、ダメージレベルに応じてパーマ剤やヘアカラー剤を使い分ける必要がある。使い分けのポイントは、パーマ剤では主に1剤の還元剤の種類とpH、ヘアカラー剤では主に1剤のpHとアルカリ度。一般に、ダメージレベルが低いほどパーマではリッジ感・持ちがよくなり、ヘアカラーは色持ちがよくなる。

> ダメージの度合いを数値化することで、アシスタントとの意志疎通がしやすくなる！

CHECK！ 覚えておこう

ダメージレベルとは、損傷の程度をはかるものさし。しっかり毛髪診断をして、適切な薬剤を選定しよう！

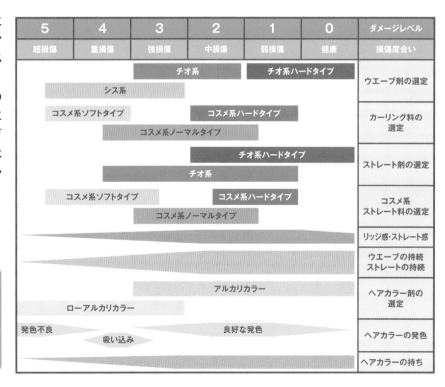

多様なダメージ

複雑化するダメージに対応できますか?

次に、ヘアカラーやパーマによる負担が
複雑に重なった場合の毛髪ダメージについて学びましょう。

メリーさんが、ヘアカラー剤を塗布しようとすると……。

頭を抱えてしまうメリーさんだった。

お客さまは薬剤によるダメージについて、とても不安を感じている様子。

こんなときに知っておきたい知識はコレだ!

POINT ① パーマとヘアカラーによるダメージの違い

POINT ② コンプレックスダメージ

POINT ③ ダメージスパイラル

POINT ① パーマとヘアカラーによるダメージの違い

パーマとヘアカラーではダメージの種類が違う。パーマによるダメージは、コルテックス領域に発生しやすく、毛髪強度が低下して潤いがなくなりゴワつきやすい。ヘアカラーによるダメージは、キューティクル領域に発生しやすく、手触りが悪くなり、ツヤ感がなくなりやすい。

CHECK! 覚えておこう
ヘアカラーとパーマでは髪への負担が異なる! また、施術後の適切なホームケアが重要!

これからは、適切なホームケアをしないと髪の成分も流出してしまうとお客さまに伝えよう!

パーマによるダメージ

パーマによるダメージは、1剤に含まれるアルカリや還元剤と、2剤に含まれる酸化剤が毛髪に作用して生じるもの。コルテックスのフィブリルやマトリックスのシスチン結合へ影響があるほか、毛髪内部に隙間ができやすく、間充物質が流出しやすくなる。

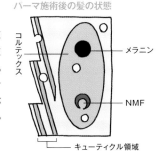

パーマ施術後の髪の状態
コルテックス / メラニン / NMF / キューティクル領域

ヘアカラーによるダメージ

ヘアカラーによるダメージは、1剤に含まれているアルカリと、2剤に含まれるH_2O_2（過酸化水素）によるもの。施術時の成分流出は少ないが、キューティクル領域へのダメージが大きいために、内部の保護力が低下するので、施術後、適切なホームケアをしないと間充物質が流出しやすくなる。

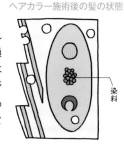

ヘアカラー施術後の髪の状態
染料

POINT ② コンプレックスダメージ

コンプレックスダメージとは、特にヘアカラーとパーマの併用で起こるダメージのことをいう。繰り返しヘアカラーをすることによるダメージの場合、基本的には同種のダメージが積み重なるが、ヘアカラー毛にパーマを施術した場合、ヘアカラーによるキューティクル領域へのダメージに、パーマによるコルテックス領域のダメージが追加されるため、より大きなダメージを毛髪に与えることになる。

手触りが悪化する
(%) ヘアカラー1回 / ヘアカラー5回 / ヘアカラー3回パーマ3回
0, -5, -10, -15, -20, -25, -30, -35, -40, -45

弾力が低下する
(%) ヘアカラー1回 / ヘアカラー5回 / ヘアカラー3回パーマ3回
0, -5, -10, -15, -20, -25, -30

毛髪が硬くなる（ゴワつく）
(%) ヘアカラー1回 / ヘアカラー5回 / ヘアカラー3回パーマ3回
-10, -5, 0, 5, 10, 15

毛髪が弱くなる
(%) ヘアカラー1回 / ヘアカラー5回 / ヘアカラー3回パーマ3回
0, -5, -10, -15, -20, -25

POINT ③ ダメージスパイラル

パーマ剤・ヘアカラー剤のアルカリ・H_2O_2（過酸化水素）によるCMC脂質の流出をきっかけに、シャンプーなど不適切なホームケアによって連鎖的に髪の質感が悪化していく現象。ヘアカラーなどでCMC脂質が損なわれたことで、親水化した毛髪は、外部からの刺激に対して過敏になっており、不適切なシャンプー剤による内部成分の流出や、泡立て・マニピレーション（マッサージ）による摩擦でダメージを受ける。ヘアカラーやパーマ時にCMC脂質をサポートするトリートメントを併用するなどの工夫が必要だ。

カラー×3、パーマ×1の連続処理
▼

毎日のシャンプーとシャンプー後に受けるダメージが重なると……（2週間後）

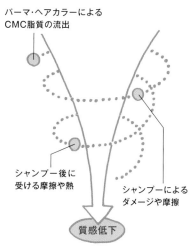
パーマ・ヘアカラーによるCMC脂質の流出
シャンプー後に受ける摩擦や熱
シャンプーによるダメージや摩擦
質感低下

エイジング

年齢を重ねると髪はどう変化する?

日本人の平均年齢が50歳に近づきつつある今、
年齢を重ねることによって生じる髪質の変化に、美容師が向き合っていくことは重要性を増しています。

POINT 1
お待ちしておりました○○さん。

いつもありがとう。今日もよろしくね。

アシスタント時代からメリーさんをかわいがってくれているお客さまがご来店。

POINT 4〜5
それに髪がいうことをきかないの。ツヤもなくなってきた気がするし……。ねぇメリーちゃん、どうにかならないかしらね?

エイジングによる髪質の変化が悩みを生んでいるよう。

まずは、エイジングによってどのような髪質の変化があるのかをちゃんと知ろう。

いつもかわいがっていただいている○○さんの髪の悩み。解決してさしあげたいな。

エイジングによる髪質の変化とその原因について学ぶことを決意したメリーさんなのである。

そうね。最近、トップにボリュームが出ないのよ。

POINT 3

カウンセリングで、髪のハリ・コシがなくなってきたと訴えるお客さま。

本日は、グレイカラーとカットですね。ほかに髪で気になっていることってありますか?

POINT 2

こんなときに知っておきたい知識はコレだ!

POINT 1 エイジングの種類　**POINT 2** 白髪が増える要因

POINT 3 ハリ・コシがなくなる要因

POINT 4 うねりが出る要因　**POINT 5** 潤い・ツヤがなくなる要因

① エイジングの種類

毛髪は、加齢によって毛母細胞の働きが弱まって、毛髪が細くなり、キューティクルの枚数が減り、ハリが弱くなっていく。それと同時に髪は乾燥毛へ変化していき、コシ（弾力）も徐々に弱くなる。さらに、若い頃は直毛だった人にはクセが発生し、クセ毛だった人はクセが強くなるといった変化がある（クセの種類と実際は22〜23ページ参照）。

⟨ うねりが出てまとまらない ⟩

細かくうねるクセが増える。

⟨ 白髪が増える ⟩

一般的に男性で平均34歳前後、女性で35歳ごろから出始める。

⟨ 潤い・ツヤがなくなる ⟩

毛髪表面から油分が失われ潤い・ツヤがなくなる。

⟨ ハリ・コシがなくなる ⟩

後頭部よりも頭頂部で髪が細くなることが多い。

② 白髪が増える要因

加齢により、色素細胞メラノサイトの働きが弱まったり、消失したりすると、毛髪の色を決定するメラニン色素がつくられなくなり、毛髪は白髪となる。なぜ白髪になるか（＝メラノサイトがメラニン色素をつくらなくなるか）は、まだ完全に解明されていないが、左記の4つが影響していることが推測される。

病気

メラノサイトは代謝を繰り返すことによってメラニン色素をつくり出しているが、病気になることで、メラノサイトの新陳代謝が低下し、メラニン色素をつくり出す力が弱まる。

遺伝

毛母細胞に、メラニン色素が送り込まれにくくなって白髪になるという体質が、遺伝すると考えられる。特に、若白髪などは遺伝性の高いものと考えられている。

ストレス

生活習慣の乱れや対人関係でストレスを感じると、白髪が増えることがある。全身の自律神経が乱れ、メラノサイトの新陳代謝が低下することから引き起こされる。

生活習慣

食生活の乱れや喫煙、睡眠不足などで血行が悪くなると、毛細血管から毛髪へ十分な栄養が行き渡りにくくなり、メラノサイトの活動が低下する。

そもそも、どうして白髪になるの？

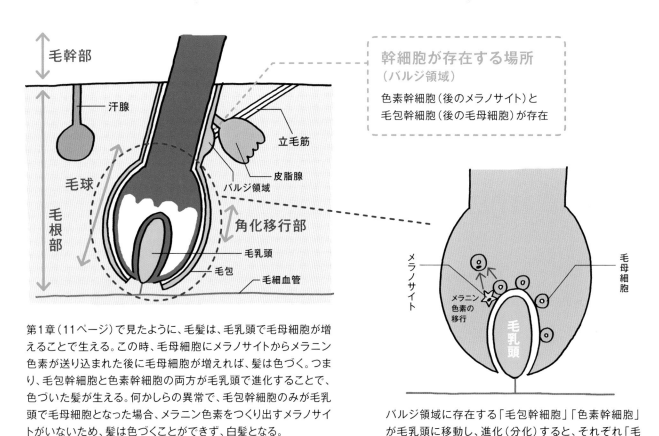

第1章（11ページ）で見たように、毛髪は、毛乳頭で毛母細胞が増えることで生える。この時、毛母細胞にメラノサイトからメラニン色素が送り込まれた後に毛母細胞が増えれば、髪は色づく。つまり、毛包幹細胞と色素幹細胞の両方が毛乳頭で進化することで、色づいた髪が生える。何かしらの異常で、毛包幹細胞のみが毛乳頭で毛母細胞となった場合、メラニン色素をつくり出すメラノサイトがいないため、髪は色づくことができず、白髪となる。

バルジ領域に存在する「毛包幹細胞」「色素幹細胞」が毛乳頭に移動し、進化（分化）すると、それぞれ「毛母細胞」「メラノサイト（色素細胞）」となる。

③ ハリ・コシがなくなる要因

毛髪は10代から30代にかけて太くなる傾向があるが、その後は加齢に伴い、エネルギー代謝が低減することで、毛髪を生み出す毛母細胞などの活動が弱まる。結果的に、髪が細くなり、ハリ・コシが低減。毛髪密度（単位面積当たりの毛髪本数）も減少し、ボリュームがなくなる。さらに高齢になると、毛髪の主要成分のケラチンタンパク質をつくるシスチン量が減少し、強度も落ちてしまう。
特に、髪のハリ・コシにはキューティクルが大きく関係しており、そのキューティクルが加齢によって失われやすくなることが、ハリ・コシがなくなる要因となっている。

毛髪の太さと硬さの関係（イメージ）

> 髪の太さと硬さは比例関係にある！

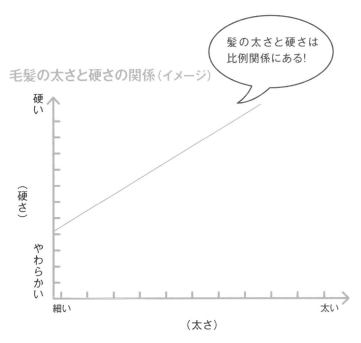

毛髪の太さと年齢の関係（イメージ）

> 男性は20代後半から、女性は30代後半から髪が細くなる傾向がある！

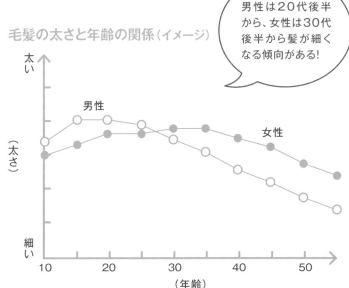

キューティクルの厚さはどれだけ減るか？

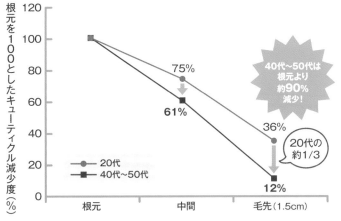

- 20代
- 40代～50代

75%
61%
36%
12%

40代～50代は根元より約90%減少！

20代の約1/3

根元・中間・毛先と、部位ごとにキューティクルの厚みを測定。40代～50代のキューティクルは、20代と比べて減少しており、特に毛先では約1/3に減少。根元と比べると約1/10まで減少した。

弾力はどれだけ減るか？

	髪に占める割合	弾力性寄与率
キューティクル	16%	60%
コルテックス	84%	40%

ねじったときにかかる力

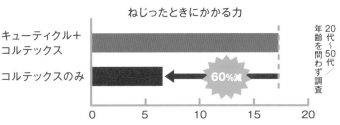

60%減

20代～50代／年齢を問わず調査

キューティクルを削り取った毛髪を用いて、弾力性を測定。すると、キューティクルを失うことで、弾力性が60%も減少する結果となった。

◀ 次ページに比較画像あり！

エイジングによる
コルテックスとキューティクルの変化

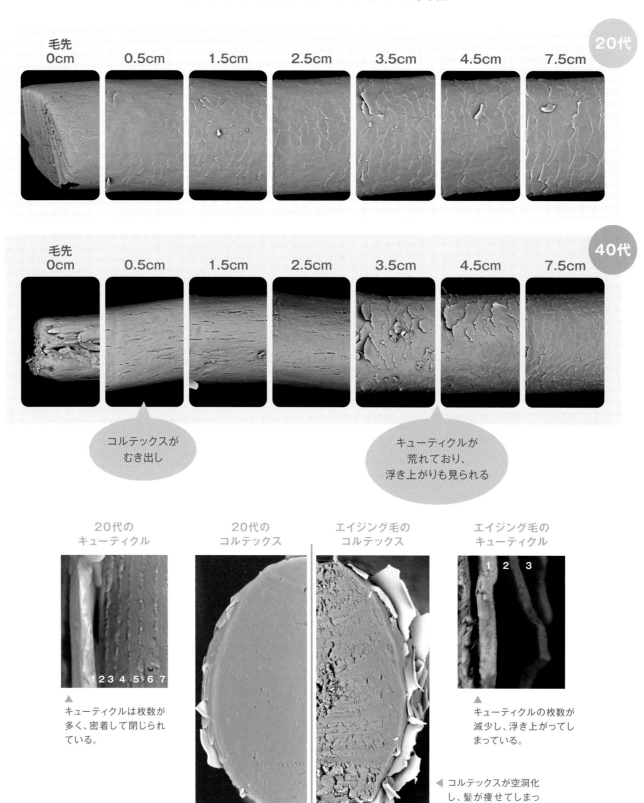

20代

| 毛先 0cm | 0.5cm | 1.5cm | 2.5cm | 3.5cm | 4.5cm | 7.5cm |

40代

| 毛先 0cm | 0.5cm | 1.5cm | 2.5cm | 3.5cm | 4.5cm | 7.5cm |

コルテックスが
むき出し

キューティクルが
荒れており、
浮き上がりも見られる

20代の
キューティクル

1 2 3 4 5 6 7

▲
キューティクルは枚数が
多く、密着して閉じられ
ている。

20代の
コルテックス

エイジング毛の
コルテックス

エイジング毛の
キューティクル

1 2 3

▲
キューティクルの枚数が
減少し、浮き上がってし
まっている。

◀ コルテックスが空洞化
し、髪が痩せてしまっ
ている。

POINT ④ うねりが出る要因

加齢とともに「うねり」が出やすくなるのは、髪のハリ・コシが低下している上、「熱」や「摩擦」などのダメージが蓄積してしまうため。キューティクルが消失し、内部成分が流出しやすくなって毛髪内部が空洞化。髪の形がゆがみ、うねりが加速する。特に、濡れた状態の毛髪は熱や摩擦のダメージを受けやすく、丁寧に扱うことが重要。

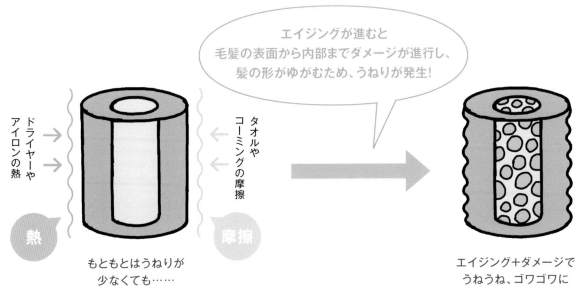

エイジングが進むと
毛髪の表面から内部までダメージが進行し、
髪の形がゆがむため、うねりが発生!

ドライヤーや
アイロンの熱

熱

タオルや
コーミングの摩擦

摩擦

もともとはうねりが
少なくても……

エイジング+ダメージで
うねうね、ゴワゴワに

POINT ⑤ 潤い・ツヤがなくなる要因

キューティクルが少なくなることは、ツヤの低下につながる。また、なめらかな指通りやツヤ感を向上させている、18MEAに代表される分岐脂肪酸は加齢とともに失われる。脂肪酸は、毛髪表面を疎水化して摩擦の影響をやわらげ、キューティクルを保護してくれる成分。これが減少して毛髪表面のバリア機能が低下すると、タンパク質などの流出が起こりやすくなる。
さらに、コルテックス中に空洞が発生することによって髪内部に入った光が散乱し、さらなるツヤの低下につながる。

CMCに含まれる
18MEAなどが
加齢とともに失われる!

キューティクル

CMC

18MEAは、髪の表面のキューティクル領域にあるCMCの中に多く含まれている。

CHECK! 覚えておこう

加齢によって、白髪が出たり、ハリ・コシ・ツヤが失われたり、クセが強くなったりする!

髪質の変化を
知ることで、悩みを
カバーする提案が
しやすくなる!

18MEAとは?

キューティクルの外側に多く、疎水性(水をはじく)の高い成分。髪の表面を守ると同時に、髪と髪とを分離しやすくする働きがある。さらさらの指通りに欠かせない成分だが、薬剤に含まれるアルカリによるダメージを受けやすいため、現在、18MEAをサポートするヘアケアアイテムが数多く発売されている。

脱毛

自然or不自然?
抜け毛のジャッジ

円形脱毛症などに代表される病的な脱毛は、お客さまやその家族にとって深刻な問題です。
お客さまに寄り添う美容師として、最低限の知識は持っておきましょう。

POINT 2

フケもすごく多いから、私、彼が何か病気なんじゃないかと心配なの。メリーさんに見てもらえないかな?

3

髪のプロとして頼られたメリーさんだが、抜け毛について詳しくないので困ってしまったのだった。

POINT 1

そういえば、最近、夫の髪が急にうすくなったのよ。

1

カット中の雑談で、パートナーがうす毛になったと語るお客さま。

2

あまりにも突然だからちょっと心配なのよね。

それは心配ですね〜。

お客さまの相談に、そっけなく答えるメリーさん。

こんなときに知っておきたい知識はコレだ!

POINT
1 自然な脱毛

POINT
2 さまざまな脱毛

POINT ① 自然な脱毛

ヘアサイクル（毛周期）の休止期から、発生期にかけて抜けるのが自然な脱毛。1日約50〜60本が抜ける。脱毛した毛根が、棍棒状の形（マッチ棒のような形）をしていれば大丈夫。しかし、根元が先細りになり毛根のふくらみがないなどの場合は、頭皮や根元のコンディションが何らかの理由で悪くなっている可能性がある。

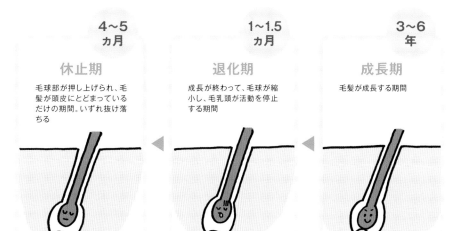

4〜5カ月

休止期

毛球部が押し上げられ、毛髪が頭皮にとどまっているだけの期間。いずれ抜け落ちる

1〜1.5カ月

退化期

成長が終わって、毛球が縮小し、毛乳頭が活動を停止する期間

3〜6年

成長期

毛髪が成長する期間

POINT ② さまざまな脱毛

自然な脱毛のほかに、毛根の異常や病気が原因で脱毛が起こる場合もある。ここでは、毛根の正常な活動以外のさまざまな脱毛を紹介する。

病的脱毛

【円形脱毛】円形（1〜2個）で境界が明瞭に生じる脱毛。悪性の場合は、多発・融合し、不規則な形になることもある。全頭や眉毛、ひげなどの脱毛を伴うことも。脱毛した毛根の形は、異常に収縮している。アレルギーやストレス、自律神経障害、アトピーなどが原因で発生すると考えられている。

【全身疾患性脱毛】高熱が数週間続いたり消化管に潰瘍が生じたりする場合に見られる急性的な脱毛。ミネラルやビタミン欠乏症・肝硬変や糖尿病などで慢性的に発生する。

【内分泌疾患性脱毛】甲状腺機能低下症や脳下垂体機能低下症によって、慢性的に発生する。

外因的脱毛

【ダイエット性脱毛】過度な食事制限により脂肪・タンパク質が不足し、頭皮が乾燥して発生する。

【内服薬剤脱毛】疾病治療のための抗がん剤などの投薬によって発生する。

機械的脱毛

【乳児後頭部脱毛】生後1カ月〜数カ月後に、枕との摩擦によって後頭部に生じる、横に広がる脱毛や断毛。首がすわるころには、自然に軽減し、歩き出すころに完治する。

【トリコロチロマニー】精神的不安定・欲求不満といった心因的因子や統合失調症・うつ病といった精神的疾患によって自分で毛髪を抜いてしまう脱毛。

【結髪性脱毛】結ぶことによって毛髪が強く引っ張られ、毛根部に軽い炎症を起こし、毛乳頭が萎縮して発生する脱毛。

断毛

【薬剤性断毛】毛穴から薬剤が侵入し、一部薬液が過剰にたまると、強く作用して毛髪の一部が切れて抜ける。毛根がないのが特徴。毛球は健在であるため、時間がたてばもと通りの毛髪が生えてくる。

毛根の異常脱毛

【老人性脱毛】主として50歳以上の男性に見られ、頭皮の硬化を伴い、前頭部から後退していく老化による脱毛。

【男性型脱毛】若年（20代後半）男性に起こる、前頭部から後頭部にかけて発生する脱毛。過剰な活性型男性ホルモンの影響で、毛母細胞の細胞分裂が鈍化することにより成長期が短くなる。

【粃糠（ひこう）性脱毛】思春期以降の男性に見られる脱毛。頭部は絶えず灰白色の細かいフケが散布状にあり、かゆみを伴う。また、毛髪は乾燥して光沢を失っており、細く短い。

【脂漏（しろう）性脱毛】毛髪は細く、やわらかく、ベタつき、頭皮は脂性で、次第にうすくまばらになっていく脱毛。男性ホルモンにより皮脂が過剰に分泌され、毛穴がつまることで起こる。

CHECK! 覚えておこう

正常な脱毛か否かは、まず、毛根の形を見ることでわかる！

脱毛は悲しいこと。お客さまの不安な気持ちに寄り添うことから始めたいな！

第2章では、毛髪のダメージとエイジング、脱毛について学びました。いずれも、現代の女性たちが抱く、髪についての悩みに直結しているテーマです。ぜひマスターし、サロンワークに生かしてください。

毛髪科学マスターへの道
復習テスト

下記の2つの質問について、それぞれ答えてください。

● 加齢とともに髪のクセは強くなります。
　その、髪がうねる要因は何だったでしょうか？

● 自然に脱毛した毛根はどのような形状をしているでしょうか？

お客さまに聞かれたらこう答えよう！
【第2章／サロンワークで使えるスタンバイコメント集】

Q. 髪が傷む原因って？

髪が傷む原因は、大きく分けると4つが挙げられます。過度な施術によるもの、濡れた髪に対する摩擦によるもの、熱によるもの、環境などによるものです。このうち過度な施術以外の要因を避けるには、お客さまのご協力が必要です。ドライヤーやコテの過度な熱や、濡れた髪を過剰にタオルでこすったり、コーミングしたりすると傷みやすくなります。また、タンパク質やミネラル不足の食生活を送っていると元気な髪が生えにくくなりますよ。

Q. パーマとヘアカラーで髪の傷み方は違うの？

パーマは髪の内側に負担がかかって髪のハリ・コシが失われやすく、ヘアカラーでは髪の表面に負担がかかって手触りが悪くなったりツヤがなくなったりします。パーマやヘアカラーをした後の不安定な髪には、ホームケアが重要です。

Q. （年齢を重ねて）髪のボリュームが出なくなったのはなぜ？

女性では30代後半から髪のハリ・コシが弱くなる傾向があります。また白髪はもちろん、エイジングにより髪のクセが強くなったり、潤いがなくなったりすることは避けられません。当店では、それぞれをカバーするメニューをご用意しております。

Q. 円形脱毛症ってどんなもの？

髪の生えている部分と生えていない部分が明瞭になっているものを円形脱毛症といいます。ストレスやなんらかのアレルギー、自律神経障害が原因とされています。

**Q. 小麦タンパクや白斑問題など
化粧品って危険？**

特定の原料（成分）で発生しているもので、すべての化粧品が危険というわけではありません。化粧品は薬機法上、「作用が緩和」と規定されておりますので、正しく使えば心配は要りません。ただし、体調が悪いときや過去に「かぶれ」など異常を起こした経験がある方は注意が必要で、接触回数が増すにつれて症状が重くなることがあります。異常を感じたら直ちに使用を中止し、症状が回復しないときや悪化した場合は皮膚科など専門医に相談されることをおすすめします。

答えは、
● 髪のハリ・コシが低下すると、毛髪の楕円形から真円形まで断面にバラつきが連なり、髪の毛がうねります。
● 楕円状の形。

髪をきれいにしよう!

シャンプー&ヘッドスパに役立つ毛髪科学

第3章では、シャンプー時に役立つ毛髪科学を学びます。また、今や主軸メニューの一つと言えるヘッドスパについても取り上げます。確かな裏づけのあるシャンプー&ヘッドスパをお客さまに提供できるようになりましょう。

シャンプー&ヘッドスパの毛髪科学

サロンワーク発想で学ぶ
第3章のトピックス

お客さまとの会話をきっかけに生じた、ふとした疑問を解決していきます。
第3章は「シャンプー&ヘッドスパ」に役立つトピックスを取り上げます。

STEP.3
⇩
p.53へ

頭皮の診断方法とは？

頭皮のチェックポイントを知ろう。

シャンプーをする理由って？

STEP.1
⇩
p.46へ

シャンプーの目的を再確認しよう。

STEP.4
⇩
p.55へ

ヘッドスパの定義とは？

ヘッドスパの効用を知ろう。

皮膚の内側はどうなっている？

STEP.2
⇩
p.51へ

皮膚の構造と機能を知ろう。

「全成分表示」を知っていますか？
誰でもわかるシャンプーの配合成分

毛髪科学を学ぶ前にレッツ準備体操！
シャンプーやトリートメントに表記される「成分」から、毛髪科学の扉を開いてみましょう。

「全成分表示」とは文字通り、配合される全成分を、配合量の多い順（ただし1％以下は順不同）にパッケージに表示すること。配合成分からシャンプーの特性がわかるまでには相当量の勉強が必要です。そこで、近年特にシャンプーやリンスへの配合が多くなっている、10個の成分をピックアップして紹介します。

あるシャンプーの例
ポリクオタニウム-64、二酸化炭素、ケイ酸Na、グリチルリチン酸2K、PCA-Na、加水分解コメタンパク、ラベンダー油、セラミドAP、脂肪酸（C10-30）（コレステロール／ラノステロール）エステルズ、カミツレエキス

■ 細胞膜類似脂質
（表示名：セラミドAPなど）

CMCやセラミドAPなど、毛髪や皮膚に含まれる細胞膜の成分で、頭髪や頭皮の潤いを保つ。
毛髪の保水性を高める成分として注目

■ PCA-Na
（表示名：同じ）

もともと皮膚に含まれている保湿成分で、頭髪や頭皮に潤いを与える効果がある。
頭髪や頭皮を保湿する成分として注目

■ ケイ素
（表示名：ケイ酸Na）

ヒトの体に必要不可欠なミネラル。強い抗酸化作用を持ち、体（頭髪や頭皮）に悪影響を及ぼす活性酸素を除去する。
頭髪や頭皮をダメージさせる活性酸素を除去する成分として注目

■ リピジュア
（表示名：ポリクオタニウム-64など）

細胞膜と近い構造を持つ成分で、頭髪や頭皮のバリア機能を高め、潤いを保つ。
頭髪や頭皮の表面を保護し、保湿性を与える成分として注目

■ 分岐脂肪酸
（表示名：脂肪酸（C10-30）（コレステロール／ラノステロール）エステルズ）

毛髪の表面に存在する脂質で、18MEAなどとも呼ばれ、毛髪の疎水性を高める成分。
毛髪の疎水性を高める成分として注目

■ ペプチド
（表示名：加水分解コメタンパクなど）

動物や植物のタンパク質から得られる成分で、頭髪や頭皮にハリや潤いを与える。
毛髪の強度を高め、皮膚に弾力を与える成分として注目

■ 甘草エッセンス
（表示名：グリチルリチン酸2Kなど）

漢方薬（カッコントウなど）に使われている成分で、炎症を抑える効果がある。
皮膚の炎症を抑える成分として注目

■ 炭酸
（表示名：二酸化炭素）

ビールや炭酸飲料に含まれる炭酸と同じで、温泉などの血行促進効果で知られている。頭髪や頭皮の洗浄力を高め、ヘッドスパの分野ではより効果を向上させるために使用されている。
頭髪・頭皮の洗浄や頭皮の血行促進効果を期待する成分として注目

■ 植物エキス
（表示名：カミツレエキスなど）

頭髪や頭皮に有効な成分を含む、さまざまな植物から得られるエキス。カミツレエキスには頭皮の清浄効果や保湿効果がある。
頭髪や頭皮を保湿する成分として注目

■ 精油
（表示名：ラベンダー油など）

芳香を放つ植物から採取される揮発性の油で、心理的・生理的効果があることが知られている。
自律神経機能に影響する成分として注目

さっそく、サロンで使っているシャンプーの成分をチェックしよう！

シャンプーの働き

毎日行なう
シャンプーの役割とは?

ここでは、シャンプーの働きについて紹介します。
髪の素材づくりを考える際に、絶対に欠かせない知識となります。

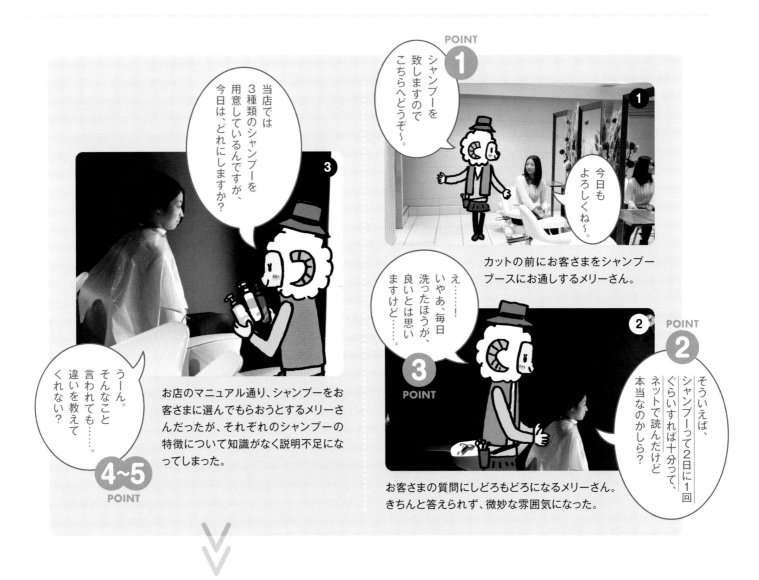

POINT **1**

シャンプーを致しますのでこちらへどうぞ〜。

今日もよろしくね〜。

カットの前にお客さまをシャンプーブースにお通しするメリーさん。

POINT **2**

そういえば、シャンプーって2日に1回ぐらいすれば十分って、ネットで読んだけど本当なのかしら?

POINT **3**

え……! いやあ、毎日洗ったほうが、良いとは思いますけど……。

お客さまの質問にしどろもどろになるメリーさん。きちんと答えられず、微妙な雰囲気になった。

3

当店では3種類のシャンプーを用意しているんですが、今日は、どれにしますか?

うーん。そんなこと言われても……。違いを教えてくれない?

お店のマニュアル通り、シャンプーをお客さまに選んでもらおうとするメリーさんだったが、それぞれのシャンプーの特徴について知識がなく説明不足になってしまった。

4〜5
POINT

こんなときに知っておきたい知識はコレだ!

POINT **1** シャンプーの主な構成　POINT **2** シャンプーの目的

POINT **3** 界面活性剤が汚れを落とすメカニズム

POINT **4** 新しいシャンプー技術　POINT **5** シャンプーQ&A

POINT ① シャンプーの主な構成

シャンプー剤の内容成分は、水、洗浄成分、トリートメント成分など。市販のものもサロン専売品も基本的には同じ構成となる※。

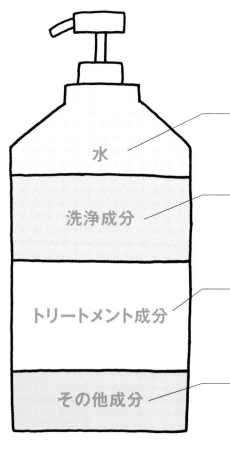

水

シャンプーに含まれる成分を溶かし込み、濡れた髪へのなじみを良くするため、最も多く配合される。

洗浄成分

主成分は界面活性剤。地肌や髪についている皮脂などのがんこな油汚れを、泡で包み込み、すすぎの水で洗い流す。ラウレス-4カルボン酸Na、スルホベタイン、ラウレス硫酸Naなど。

トリートメント成分

毛髪の保護や補修のほか、指通りや手触り感の向上を目的に配合される。ホホバ油、加水分解ケラチン、グリチルリチン酸ジカリウム、ハチミツなど。

その他成分

香料、防腐剤、安定化剤など。使用時の香りを楽しみ、リラックス効果を期待したり、気になる原料臭を抑えるために配合される。防腐剤は、微生物の増殖を抑え、安定化剤は、剤（シャンプー）の変質を防ぐ目的で配合される。

※ 市販シャンプーと
サロン専売シャンプーの違い

● 市販シャンプ　　／泡立ちの良さやなめらかな手触りが重視される。泡立ちの良い「高級アルコール系洗浄成分」をベースに、コーティング効果のある「シリコーン」を添加したシャンプー剤が主流。

● サロン専売シャンプー／施術者の手肌やお客さまの毛髪への負担の少なさなどが重視される。マイルドな洗浄力の「酸性せっけん系」「アミノ酸系洗浄成分」などをベースにしたシャンプー剤が多い。「シリコーン」を添加していないものが多く、pHコントロールやヘアカラーの褪色などサロンでの施術を考慮した製品が主流。

POINT ② シャンプーの目的

シャンプーの目的は、毛髪と頭皮の汚れを取ること。汚れとは、大気中からの付着物（チリやほこり）やスタイリング剤などの外部環境からもたらされる汚れ、汗や皮脂といった身体の内部から生じる汚れが混じり合ったもの。また、毛穴には汚れが蓄積しやすく、強固に付着していることもあり、毛穴に汚れが残ったままだと、臭ったり、つまりによる脱毛が生じたりする場合があるため、頭皮と髪の健やかさをキープするために、シャンプーは欠かせない。

> お客さまの髪や頭皮、ライフスタイルに合ったシャンプーをおすすめしよう！

シャンプーが落とす汚れ

皮脂 ／ フケ ／ たばこの煙（粒子）

スタイリング剤 ／ 排気ガス（NOx、SOx、など） ／ 大気中のチリ（PM、花粉など）

調理時の油や煙（粒子） ／ 汗

CHECK! 覚えておこう

頭皮の汚れは脱毛などのトラブルの原因になる。だから、毎日の洗浄が欠かせない。ただし、過剰なシャンプーで最低限必要な皮脂を取りすぎると、頭皮の乾燥や皮脂の分泌過剰を促す結果になるので注意しよう。

③ 界面活性剤が汚れを落とすメカニズム

髪に付着している"親水性"の汚れは水で洗い落とせる。しかし、油性の汚れ（皮脂・スタイリング剤など）は、水だけでは落とせない。そんなガンコな汚れを取るために活躍するのが、界面活性剤。界面活性剤とは、水になじみやすい部分（親水基）と、油になじみやすい部分（親油基）の両方の性質を持つ化学物質。ここでは、界面活性剤による洗浄のメカニズムを詳しく見てみよう。

油となじむ性質　　水となじむ性質

親油基　　親水基

油　　　　　　　　　　　　水

界面活性剤は……

油と水は混ざり合わないが、界面活性剤は、
油とも水ともなじむ（油と水をなじませる特質を持つ）。

これが界面活性剤の働く仕組みだ！

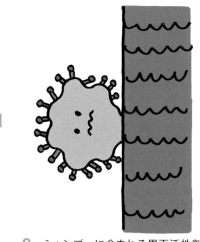

3. 界面活性剤が汚れをがっちりつかんだまま、浮き上がらせ、毛髪や地肌から離していく。

2. シャンプーに含まれる界面活性剤の親油基が、油性の汚れに付着し、しっかりと取り囲む。

1. ブラッシングで髪に付着した汚れを取り、ぬるま湯（水）で汗などを洗い流した後の状態。ブラッシングや水では流しきれない油性の汚れが残ってしまっている。

シャンプー剤に使われる界面活性剤の種類

陰イオン性界面活性剤	アニオン性界面活性剤とも呼ばれ、親水基はマイナスのイオン性を示す。洗浄作用に優れているため、シャンプーの基剤として用いられることが多い。	⊖
陽イオン性界面活性剤	カチオン性界面活性剤とも呼ばれ、親水基はプラスのイオン性を示す。シャンプー剤のほか、柔軟作用に優れているためトリートメントの基剤として用いられることが多い。	⊕
非イオン性界面活性剤	ノニオン性界面活性剤とも呼ばれ、イオン性を示さない。他種類の界面活性剤と併用することで、洗浄力や粘性を高めるなど機能性を向上させる。	●
両性界面活性剤	親水基がプラスとマイナスの両方の性質を有し、酸性領域ではカチオン性を、アルカリ領域ではアニオン性を示す。低刺激性シャンプーやベビーシャンプーに主剤として用いられ、他種類の界面活性剤と併用することで、泡立ちや低刺激性を向上させる。	⊕⊖

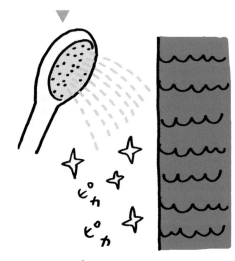

ピカ
ピカ

4. 汚れをつかんだ界面活性剤が、洗い流される。

POINT ④ 新しいシャンプー技術

機器や薬剤が進化する中、シャンプー技術の"常識"も変化している。頭皮も髪もしっかり洗うという従来の「ゴシゴシ洗い」では、毛髪のキューティクルがめくれあがり、頭皮の油分を過剰に取ってしまうといった課題もあった。そこで近年注目されているのが、髪や頭皮をこすらないように優しく洗う「もみ洗いシャンプー」。もみ洗いシャンプーは、髪や頭皮の汚れをしっかりと取り除くことができる上、摩擦などによる負荷が少なく、お客さまの快適性も向上。さらに、施術する理美容師の手肌に優しいという利点も。進化したシャンプー技術のポイントと、その効果を押さえておこう。

「もみ洗いシャンプー」3つのポイント

① 水温は38℃のぬるめに設定する

② 最初に丁寧にプレーンリンスする

③ 優しく、こすらず洗う

毛髪と頭皮の状態を比較

ゴシゴシ洗い	もみ洗い

毛髪 ▶

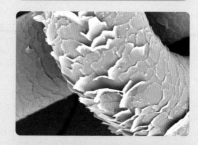 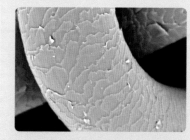

「ゴシゴシ洗い」では、毛髪表面のキューティクルがめくれ上がっているのに対し、「もみ洗い」では、不要な摩擦がないため、キューティクルが整っている。

頭皮 ▶ シャンプー前

赤く着色した人工皮脂を頭皮に塗布し、一定時間放置。

シャンプー後

「もみ洗い」による施術でも、「ゴシゴシ洗い」と同じくらいしっかりと汚れが取れる。

施術者の手の水分量を比較

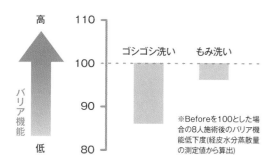

高 110

バリア機能

低 80

100

90

ゴシゴシ洗い　もみ洗い

※Beforeを100とした場合の8人施術後のバリア機能低下度(経皮水分蒸散量の測定値から算出)

施術者の手にかかる摩擦は「もみ洗い」のほうが少なく、水温もぬるめのため、手を保護する油分の流出が抑えられる。手荒れに悩む理美容師への快適性向上も期待できる。

シャンプーの泡の力を使えば、過剰な摩擦は必要なし！

5 シャンプーQ&A

前ページまでに学んだシャンプーの基礎知識を、さらに一歩深めるために、サイオンジ先生がメリーさんの質問に答える！

Q. シリコーンの入った
シャンプーは髪に良くない？

A. どちらとも言いきれない。ただ、シャンプーの目的から考えるとイエス。シリコーンは、潤滑性・撥水性に優れ、毛髪の指通りを良くしたり、ツヤを与えたりする。ただし、毛髪に過剰に蓄積すると、ヘアカラーやパーマなど薬剤の浸透を阻害したり、頭皮のベタつきや根元からボリュームダウンしたりすることもあるので、注意が必要（68～69ページに関連情報あり）。

Q. 皮脂は、すべて
洗い落としたほうが
よいですか？

A. 答えはノー。皮脂と汗が混じり合ってできる「皮脂膜」は、頭皮の水分が蒸発しないように保護してくれる上、弱酸性の性質を持っていて細菌の発育を抑制してくれる。だから、適量分泌されていたほうが頭皮の健康には良いので不必要な皮脂だけを洗い落とすべき。

Q. 毛髪に良い
シャンプーの仕方とは？

A. まずはしっかりすすぐ（予洗いする）こと。地肌がじんわり温まるくらいが目安となる。十分にすすぐことで、汗や汚れの大半が落ち、シャンプーの泡立ちが良くなる。すすぐ前にブラッシングで髪のもつれをといておくと、からまりも防げる。次に大切なのが、泡で地肌を洗うという工程。しっかりと泡立てた、たっぷりのクリーミーな泡で、地肌全体を指の腹を使ってマッサージするように洗う。この時、爪を立てて頭皮を傷つけないこと。すすぎは、流し残しのないようにしっかりとすることが大切。

毛髪の汚れを
取るだけでなく、
頭皮の環境を
整えることも意識して
シャンプーを
しましょう。

皮膚

頭皮も皮膚の一部！
皮膚の構造ってどうなっているの？

次に、皮膚の構造や機能を学びます。美容技術を行なうにあたり、毛髪を生み出す頭皮（皮膚）の知識は重要です。
また、頭皮ケアのニーズは今後も高まることが予想されるため、美容師にとっての必須知識となります。

ありがとうございます。当店では、頭皮をもみほぐすシャンプーにこだわっているんですよ。

なんだか頭皮をもんでもらってすごく気持ちよかった。顔のリフトアップにもなるかしら♪

最近取り組んでいる、頭皮をもむシャンプーがお客さまにも喜ばれたのだが……。

頭皮を知るためには、皮膚の勉強もしなければいけないわね！

皮膚の勉強を決意するメリーさんなのだった。

でもどうして、頭皮をもむと顔の肌も引っ張られるんだろう……？皮膚がつながっているからか！

POINT 1～3

お客さまに言われてはじめて、頭皮と肌が一枚の皮膚でつながっていることに気づいたメリーさん。

こんなときに知っておきたい知識はコレだ！

POINT
① 皮膚の構造

POINT
② ターンオーバー

POINT
③ 皮膚の状態の変動

POINT ② ターンオーバー

ターンオーバーとは新陳代謝のこと。新しい細胞は、表皮の一番奥にある「基底層」でつくられ、やがて「角層」となり、はがれ落ちる。その期間は、細胞が誕生して角層になるまでが約28日間、そこからはがれ落ちるまで約14日間。皮膚は常に新陳代謝を続ける生きた組織なのだ。

皮膚には、表皮・真皮・皮下組織に幹細胞が存在。表皮幹細胞は、基底層に存在して新しいケラノサイト（角化細胞）を生み出し、ターンオーバーの源となっている。

POINT ① 皮膚の構造と役割

皮膚は、最大の臓器と言われ、その面積は成人で約1.6m²、皮下組織も加えると体重の16％を占める（体重60kgの場合は約10kg）。皮膚には、外部環境の刺激から生体を保護するバリア機能のほか、多くの機能が備わっている。

●細菌や微生物の侵入、紫外線、活性酸素から生命を守る機能 ●物質を吸収する機能（経皮吸収）●汗や皮脂、老廃物の分泌・排泄機能 ●温感・冷感・痛感の感覚機能 ●体温を調節する機能 ●呼吸機能（皮膚呼吸）など。

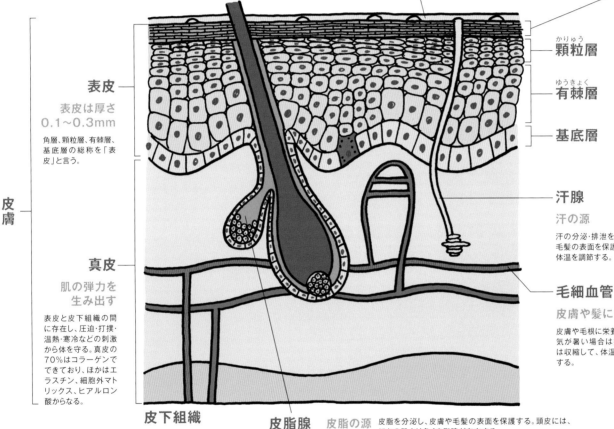

皮脂膜
肌をなめらかにして菌から守る
皮脂と汗が皮膚表面で混じってつくられる天然のクリーム。これによって皮膚は保湿されると同時に、なめらかさや柔軟性を保つことができる。またpH5.5〜6.5の弱酸性なので、細菌の繁殖を防いでくれる。

角層
皮膚の潤いを保持する
主に角質細胞と細胞間脂質、NMF（天然保湿因子）で構成されている。角質細胞がレンガ状に重なっているすき間を、セラミドやコレステロール、脂肪酸などでできた細胞間脂質が、接着剤のように満たしている。細胞間脂質は、脂質が水分を挟み込んでラメラ構造を形成し、外界の刺激から皮膚を守り、水分の過剰な放出を防ぐ役割を担っている。

顆粒層

有棘層

基底層

表皮
表皮は厚さ0.1〜0.3mm
角層、顆粒層、有棘層、基底層の総称を「表皮」と言う。

皮膚

真皮
肌の弾力を生み出す
表皮と皮下組織の間に存在し、圧迫・打撲・温熱・寒冷などの刺激から体を守る。真皮の70％はコラーゲンでできており、ほかはエラスチン、細胞外マトリックス、ヒアルロン酸からなる。

汗腺
汗の源
汗の分泌・排泄を行ない、皮膚や毛髪の表面を保護すると同時に、体温を調節する。

毛細血管
皮膚や髪に栄養を送る
皮膚や毛根に栄養を送るほか、外気が暑い場合は拡張、寒い場合は収縮して、体温を維持しようとする。

皮下組織

皮脂腺
皮脂の源
皮脂を分泌し、皮膚や毛髪の表面を保護する。頭皮には、ほかの肌より多く皮脂腺が存在する。

POINT ③ 皮膚の状態の変動

紫外線が強くなる春や夏はメラニン生成が活発になり、肌色の黄みが強くなるのに対し、秋や冬は血管の収縮・拡張作用が活発になるため赤みが強くなる。また加齢によって、ターンオーバーが遅くなったり、水分量が減ったり、弾力がなくなったりする。男性の皮脂量は年齢を重ねてもあまり減らないのに対し、女性の場合は30歳を越えると減少する。

CHECK! 覚えておこう
皮膚は、表皮・真皮・皮下組織に分けられ、新陳代謝を繰り返して常に生まれ変わっている。

頭皮は、生きているんだね！

頭皮の健康をチェック！プロだからこそできる提案とは？

頭皮を健康に保つには、現状を的確に診断する力が必要です。
"プロならでは"といえる頭皮ケアの提案を可能にするためにも、頭皮に関する知識を深めましょう。

POINT 1
今日の○○さんの頭皮はいつもよりも硬くて、赤みが強いなぁ。そうだ！マイクロスコープで見てみよう。

シャンプー後、赤みがひかないお客さまの頭皮を見て心配になるメリーさん。そこで、マイクロスコープを使ってお客さまとモニターで見てみることに。

POINT 2
わっ！いやだ、本当に赤くなっているわ！ぜんぜん知らなかった。どうすればいいのかしら？

自分の頭皮を初めて見て、驚くお客さま。メリーさんにアドバイスを求めるが……。

POINT 3
どうしたらいいんだろう。スキンケアと同じように頭皮ケアの知識があればよかった！

頭皮を健康に保つためにお客さまにどのような提案ができるか悩むメリーさんなのだった。

こんなときに知っておきたい知識はコレだ！

POINT 1 頭皮と肌の違い

POINT 2 健康な頭皮の状態

POINT 頭皮と肌の違い

頭皮と肌の基本的な構造は同じと考えてよい。しかし、ほかの肌と比べ、頭皮は表皮が厚く、外部からの刺激への感度が鈍いといった特徴がある。また、皮脂分泌量が多い上に、髪で覆われているためムレやすいなど、細菌の繁殖しやすい環境だ。頭皮は、ほかの皮膚に比べるとバリア機能が弱く、デリケート。やさしく扱うことが大切である。

肌（顔）	頭皮	
薄	厚	皮膚の厚さ
多	少	水分量
多	かなり多	皮脂腺の数
小	大	経皮水分蒸散量
高	低	刺激への感度

頭皮の特徴は、毛髪で守られていること。また、自分では状態を視認（目で確認）できないこと。

頭皮以外の肌は、毛が少なく、テカリや乾燥が目立ちやすい。

POINT 頭皮の健康

頭皮は、自分の目で確認できない場所にある。そのため、そこに何らかのトラブルを抱えていたとしても、自覚していない人が多い。そんな中、美容師は、日常的にお客さまの頭皮をチェックできる存在。だからこそ、まずはお客さまの頭皮の健康をチェックする方法をマスターし、頭皮を健康に保つためのアドバイスやサロンでのスキャルプケア・ヘッドケア・頭皮ケアシャンプーの提案につなげよう。

頭皮ケアの一環でヘッドスパの人気が高まっています。

CHECK！ 覚えておこう

自分の頭皮の状態を知らないお客さまは多い。的確な頭皮診断に基づくアドバイス・メニュー提案は、満足度アップに直結する！

髪だけでなく、頭皮にも責任を持つスタイリストになろう！

Step 1

頭皮の状態をチェック

指の腹で頭皮をこすり、指にフケがついたら頭皮が乾燥ぎみ、脂っぽくなったら皮脂が過剰に分泌されている可能性がある。

Step 2

頭皮の硬さをチェック

頭皮が硬く突っ張り感がある場合は、頭皮が凝っていて血行が良くない証拠。健康な頭皮は、やわらかくてよく動く。

Step 3

頭皮の色をチェック

頭皮の色は、青白く透き通っている＝健康（良い）、黄色っぽい＝やや不健康（注意が必要）、赤や褐色＝何らかの炎症が起きている（危険）と判断する。

ヘッドスパ

ヘッドスパってどんな効果があるの?

ここでは、リラクセーションメニューとして、2000年代前半から登場し、
現在では数多くのサロンで導入されているヘッドスパに関する知識を深めます。

1 POINT お客さまにヘッドスパをすすめたところ、提案が受け入れられた。

2 POINT お客さまはメリーさんのテクニックによって体全体がぽかぽかしてきたと言う。

しみじみと思うメリーさんだった。

そして、お客さまは眠りに落ちた。

こんなときに知っておきたい知識はコレだ!

POINT
① ヘッドスパの定義

POINT
② ヘッドスパの効果

① ヘッドスパの定義

これから
ますます需要が
高まりそう!

ヘッドスパとは、「頭（Head）＋温泉（Spa）」の造語で、髪や頭皮、心身を美しく健康に
保つことを目的に行なうことから名付けられたヘッドケアプログラム。具体的には、洗髪
（シャンプーなどのクレンジング剤による頭髪・頭皮の洗浄）、ヘッドマッサージ、頭皮ケ
アなどを行なうが、さらなるリラクセーション効果を求め、ゆったりとした空間でアロマ
や音楽などの演出を加える場合もある。

ヘッドスパは、心と体、美と健康はつながっているという「ホリスティック」の考え方に通
じる。古くから、「病は気から」「手当て」と言われるように、心と体はお互いに影響し合
う関係にある。ストレスがたまると肌の調子や体調が悪くなり、逆にマッサージされてい
ると心地よくなり寝てしまう……といった経験のある人も少なくないはず。ヘッドスパで
は、頭皮をマッサージしたり、温めたりすることで血流の循環を促進するだけでなく、気
持ちよく心がリラックスし、それがまた自律神経にも働きかけて全身へと影響が広がり、
髪や肌を含めた身体の調子を良くすることが期待できる。

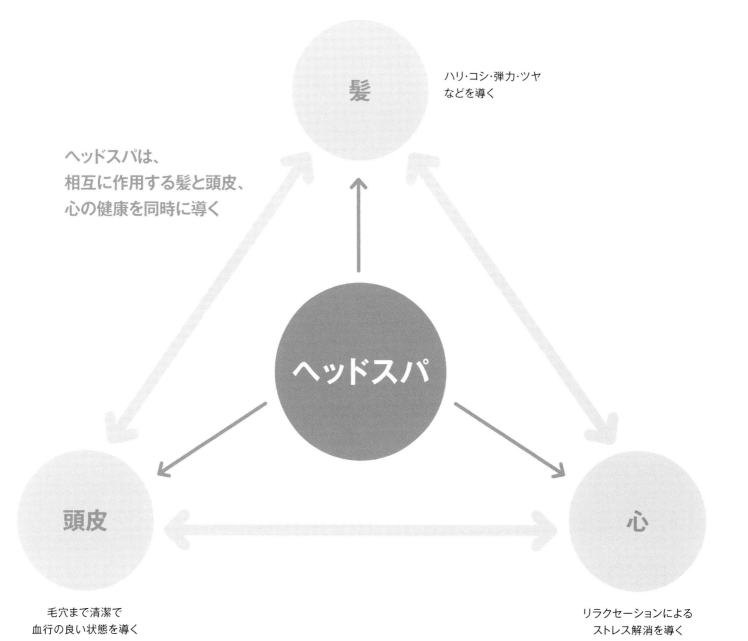

ヘッドスパは、
相互に作用する髪と頭皮、
心の健康を同時に導く

髪　ハリ・コシ・弾力・ツヤ
などを導く

ヘッドスパ

頭皮

心

毛穴まで清潔で
血行の良い状態を導く

リラクセーションによる
ストレス解消を導く

② ヘッドスパの効果

ヘッドスパが私たちの体にもたらす効果を、実験結果とともに見てみよう。

❶ 副交感神経の活性化

自律神経には、体を活動的な状態にする「交感神経」と、体を休める状態にする「副交感神経」がある。交感神経が活発になると脈拍数が増加し、血管が収縮して血圧が上がる。これに対して、副交感神経が活発になると脈拍数が減少し、血圧が低下する。ヘッドスパ施術前後の状態を比較すると、施術後は施術前よりも脈拍数が減少し、血圧も低下。つまり、ヘッドスパ施術によって副交感神経が活性化したと考えられる。

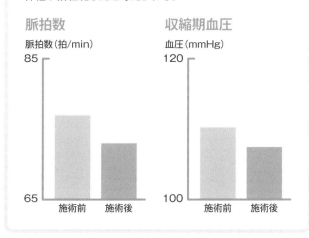

脈拍数

脈拍数（拍/min）

収縮期血圧

血圧（mmHg）

❷ ストレスの軽減

「コルチゾール」とは副腎皮質から分泌されるホルモンの一つで、心身がストレスを受けると急激に分泌が増えることから、「ストレスホルモン」とも呼ばれている。ヘッドスパ施術の前後で比較すると、施術後では唾液中コルチゾール濃度の低下が見られ、ストレスの軽減を反映していると考えられる。

唾液中コルチゾール濃度

濃度（μg/dL）

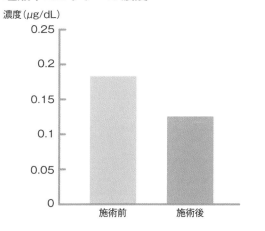

❸ 免疫物質の増加

唾液や血液中に存在する「sIgA（免疫グロブリンA）」は、快適性が向上するときに増加することが知られており、ヘッドスパ施術によっても増えることが確認されている。このsIgAは粘膜上で細菌やウイルスなどの外敵に対する重要な防御機能を担っていることから、免疫機能への関りも期待される。

唾液中sIgA濃度

濃度（μg/dL）

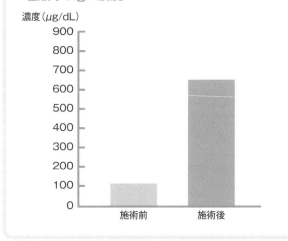

❹ 血流量の増加

ヘッドスパを受けていると頭や全身がぽかぽかしてくるが、これには血流が大きく関わっている。マッサージされている頭皮はもちろん、全身においても血流量が増加し、それによって皮膚表面の温度も上昇する。実際に皮膚表面の温度を調べてみると、施術後に首や手の表面温度が上昇しているのがわかる。

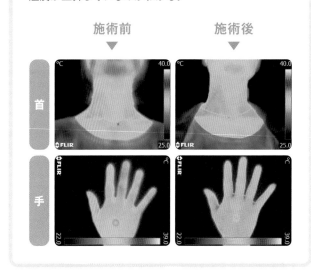

施術前　　　　　施術後

第3章では、シャンプー&ヘッドスパに役立つ毛髪科学について学びました。一般消費者のあいだでも、健康な頭皮が、元気な髪を育てるための土台となっているという知識が広まって、ヘッドスパへのニーズも年々高まっています。ぜひ、シャンプーやヘッドスパ、頭皮の基礎知識をマスターしましょう。

第3章 毛髪科学マスターへの道 復習テスト

下記の質問について、答えてください。

● 表皮にある角層の重要な役割とは何でしょうか？

お客さまに聞かれたらこう答えよう！
【第3章／サロンワークで使えるスタンバイコメント集】

Q. シャンプーって毎日したほうがいいの？

シャンプーの目的は、髪と頭皮の汚れを取ることなので、基本的には毎日したほうがいいです。特に毛穴に汗や皮脂、汚れがたまったままだと、酸化して臭ったり、つまりによる脱毛が生じたりするので、頭皮からの洗浄が大切です。ただし、洗浄力の強すぎるシャンプーで毎日洗うのはNG。皮脂を取りすぎることで過剰分泌を促してしまうからです。

Q. 市販のシャンプーとサロンのシャンプーは何が違うの？

サロン専売シャンプーは、お客さまの毛髪や施術者の手肌への負担を少なくするようにつくられています。マイルドな洗浄力のものが中心です。また、サロンで行なったヘアカラーの褪色を防いだり、パーマの持ちを良くするように設計されています。一方、市販のシャンプーは、泡立ちの良さやなめらかな手触りなど"使用感"が重視されています。

Q. シリコーンは髪によくないの？

シリコーンは、髪をコーティングして指通りを良くしたり、ツヤを与えたりできることから、多くのシャンプーに配合されている優れた成分です。ただし、繰り返し使用することで髪に過剰に蓄積すると、ヘアカラーやパーマなど、薬剤の浸透を邪魔したり、頭皮のベタつきや根元からのボリュームダウンにつながることもあります。お客さまの求めるヘアデザインに応じてシリコーン入りシャンプーにするか否かを選択しましょう。お客さまの髪質に適したシャンプーは、私からおすすめさせていただきます。

Q. 頭皮をもんでもらってすごく気持ち良かったけどなぜかしら？

健康な髪は、健康な頭皮から生まれます。お客さまの頭皮は、少し凝っていらっしゃいました。凝りをほぐすことで血流を良くし、頭皮に栄養を届けられるようにして、健康な髪の生える環境を整えました。また、お客さまの頭皮の色は青白いので健康な状態ですが、頭皮が赤くなっている方だと、何らかの炎症が起きている可能性があるんです。定期的にヘッドスパをご利用いただき、"癒やし"を感じながら、頭皮環境をケアしていきましょう。

Q. シャンプーで体を洗ってもいい？

成分的には体を洗っても問題ありません。しかし、シャンプーは髪を洗うのに適した成分を使用していますので、体を洗うと「ぬめり感」が出たり泡立ちが悪かったり、快適にご使用いただけないことがあるので、体は石けんやボディーソープなど専用の化粧品で洗うことをおすすめします。

答えは、● 肌の水分を保持し、外部の刺激から身を守る。

髪の健康と美しさを守るために

トリートメントに役立つ毛髪科学

ヘアケア意識が高まる昨今、トリートメントは、もはやサロンメニューの柱の一つとなっています。毛髪科学の知識は、その技術はもちろん、店販提案やお客さまへのケアアドバイスにも欠かせません。第4章では、トリートメントへの理解を深めます。

トリートメントの毛髪科学

サロンワーク発想で学ぶ
第4章のトピックス

お客さまとの会話をきっかけに生じた、ふとした疑問を解決していきます。
第4章は「トリートメント」に役立つトピックスを取り上げます。

STEP.2
⇓
p.66へ

髪がきれいになるのはなぜ？

トリートメントのメカニズムを理解しよう。

トリートメントって、何がいいの？

STEP.1
⇓
p.62へ

トリートメントの目的と、種類を確認しよう。

ここでは、いわゆる"王道"の
トリートメントについて取り上げます。
酸熱トリートメントや化学的な反応によって
クセを緩和したりする「髪質改善メニュー」は、
第8章（129ページ〜）にて
解説します。

施術のコツや
使い分けのポイントがわかる
Q&Aコーナーもあるよ！

生活様式&流行とともに進化
トリートメントの歴史

ヘアスタイルの流行だけでなく、生活様式や消費者の意識の変化とともに、トリートメントも進化。
まずは、トリートメントの歴史を見てみよう。

年代	主なできごと
1960年代	●家庭用リンスが登場 この頃のリンスは、お湯で薄めたものを髪にかけるタイプ。
1975年ごろ	●髪に直接塗布するタイプのリンスが登場 名称も「リンス」から「コンディショナー」へ。
1980年代末	●「朝シャン」が流行 超ロングスタイルや、髪全体に細かいウエーブをつける「ソバージュ」が流行。 ダメージを考慮し、高重合シリコーン（枝毛ケア成分）が使用されるようになった。 また、忙しい朝の時短アイテムとして、シャンプーとリンスが合体した 「リンスインシャンプー」が登場。 ※朝シャン…朝に洗面台で行うシャンプーのこと。家庭用の洗面台が大型化したのも、この頃から。
1990年代	●ヘアカラー・パーマの流行により 　トリートメントが登場 この頃から、家庭用のトリートメントが普及。 日常的にはコンディショナーを、週に1回のスペシャルケアとして トリートメントを使うケースが多かった。
2000年代〜	●ヘアケア意識が高まる ヘアマスク・ヘアパックなど、トリートメントよりも高性能のヘアケア製品が登場。 美容室などでは、アウトバストリートメントも普及し始める。

トリートメントの種類

トリートメントって、なぜ必要？どんなタイプがあるの？

当たり前のように、シャンプーからの流れで行うトリートメントですが、
その目的と役割について、改めて考えてみましょう。豊富にある種類についても整理します。

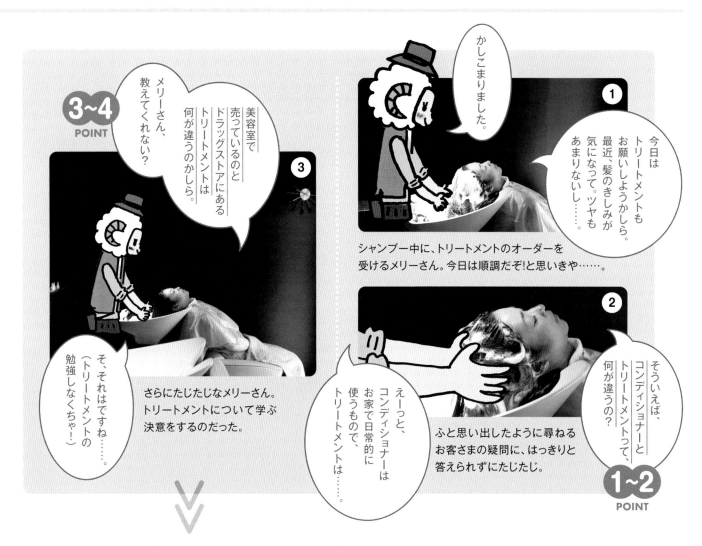

こんなときに知っておきたい知識はコレだ！

POINT
❶ トリートメントの目的　　**POINT** **❷** トリートメントの種類

POINT
❸ 洗い流さないトリートメントと
　　洗い流すトリートメントの違い

POINT
❹ サロン専売品と市販品の違い

トリートメントの目的

トリートメントは、毛髪内部に水分や油分を取り込み、かつ毛髪表面を保護することにより、外部刺激から髪を守り、傷みにくくツヤをまとった毛髪をつくる。また、手触りや指通りを良くする目的もある。

髪のツヤが与える印象効果

近年の研究で、髪のツヤは人に与える印象に大きく影響を与えていることがわかってきた。髪のツヤは、下のような印象語を高め、中でも「かわいい」「きれい」「若い」「清潔感がある」「エレガント」「スタイリッシュ」「華やか」といった印象を効果的に高めることが明らかになっている（図1）。また、髪のツヤは好感（好き）に与える影響も大きく、中明度（8レベル相当）の髪で高いツヤがあると、最も好感を高めることができる（図2）。

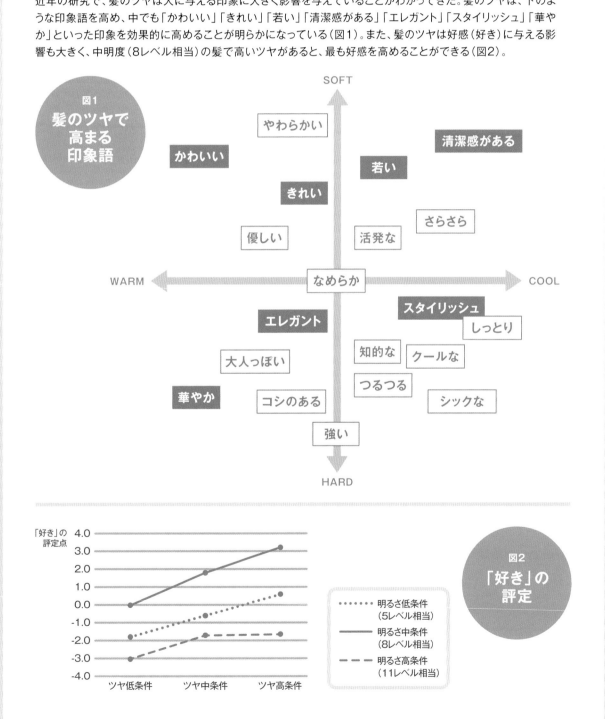

図1
髪のツヤで
高まる
印象語

図2
「好き」の
評定

POINT ② トリートメントの種類

リンスからコンディショナー、アウトバストリートメントまで、バリエーション豊富に展開されているトリートメント。
各ヘアケア剤の種類とメカニズムを理解しよう。

リンス

シャンプー後の濡れた毛髪（マイナスの電気を帯びている）に、リンスの主成分であるカチオン性（陽イオン性）界面活性剤が吸着する。毛髪の表面に被膜をつくり、滑りを良くして毛髪を整えやすくし、静電気の発生を防ぐ。

コンディショナー

リンスの保護効果をより高めたもの。リンスに比べて油剤やコンディショニング成分の配合が多くなっている。近年、毛髪が傷んだ人の増加に伴い、シャンプー後に、リンスと同様に用いられることが多くなっている。

トリートメント

主成分であるカチオン性界面活性剤や油剤が毛髪の表面に吸着して、毛髪をなめらかにする。また、トリートメント成分（油分・水分・PPTなど）を毛髪内部に補給し、ダメージを受けた毛髪を健康な状態に近づける。

ヘアパック・ヘアマスク

ヘアパック、ヘアマスクともに、基本的にはトリートメントと同じつくり。目的に応じてケア成分の含有量を高め、集中的に作用させることでコンディショニング機能をより充実させたものが「ヘアパック」「ヘアマスク」と呼ばれる。

アウトバストリートメント（洗い流さないトリートメント）

シャンプーやトリートメント後の濡れた髪や乾いた髪に使用する。ドライヤーの熱を利用するタイプもある。手軽に使用できることに加え、洗い流すタイプのトリートメントよりも持続性が高い。ただし、使用量を間違うとベタつきの原因となる。

システムトリートメント

主にサロンメニューとして使用されるトリートメント。下記の2タイプがある。

＜組み合わせ反応タイプ＞

異なる成分同士を反応させることで毛髪に定着する。2剤式や3剤式で、作用や吸着効果、持続性を向上させる。持続性が高い反面、手間がかかり、使用法や順序を間違えると効果が発揮されない。

＜組み合わせ重ね塗りタイプ＞

プレ処理剤として、性質や分子量の異なるPPT、油分などをダメージに応じて重ね塗りし、トリートメントの効果を向上させる。分子量の大きな成分やカチオン化した成分を配合。持続性が高い反面、手間がかかる。

POINT ③ 洗い流さないトリートメントと洗い流すトリートメントの違い

今や一般的となった「洗い流さないトリートメント（アウトバストリートメント）」。自宅で日常的に使用するお客さまも多い。右ページで見たように、「洗い流さないトリートメント」は「洗い流すトリートメント（インバストリートメント）」よりも持続性が高いといった特徴があるが、その他の違いとは？それぞれの特性を知ろう。

洗い流さないタイプ

…剤形の自由度が高い（クリーム、オイル、ミストなど）。少量で効果が出る、ケア成分のすべてが髪に残る（無駄がない）といった特徴がある。ただし、塗布しすぎるとベタつきといった不快感が生じる。

洗い流すタイプ

…基本的にはクリーム剤形。塗布のしやすさ、なじみの良さが特徴で、過剰塗布による失敗が少ない。配合されているケア成分の一部が洗い流されるが、シャンプーとの相乗効果がある。

POINT ④ サロン専売品と市販品の違い

美容室で販売される「サロン専売品」と、ドラッグストアなどで購入可能な「市販品」のトリートメント。購入するお客さまにとっては、それぞれにメリットとデメリットがある。これらの違いを知り、きちんと説明できるようになろう。

	サロン専売品	市販品
メリット	● ダメージ状態・髪質・仕上がりの質感などに合わせて、幅広く対応できる ● プロのアドバイスを受け、お客さま自身に最適なものを見つけることができる ● 補修性・持続性が高い	● 実店舗やインターネットで手軽に購入できる ● 専売品に比べ、価格が安め
デメリット	● サロンなど限られた店舗でしか購入できない ● サロンスタッフとのコミュニケーションが必須となる ● 市販品に比べ、価格が高くなることが多い	● 補修性・持続性の高いものが少ない ● プロに相談できないため、自分の髪質に合うものがわかりにくい

トリートメントで どうして髪がきれいになるの?

では、トリートメントをすると、どうして髪はきれいになるのでしょうか?
ここでは、その主な成分やメカニズムなどについて学びます。

POINT 3~4

えっ!シリコーンって、髪や頭皮に良くないって聞いたことがあるんだけど、大丈夫なの!?

お客さまの鋭いツッコミに、トリートメントの奥深さを改めて認識。さらなる勉学への意欲を燃やすのだった。

うっ!(まだまだ勉強が足りなかった……)

トリートメントの効果ですね。

わー!しっとり!!髪が生まれ変わったみたい!

トリートメント施術後、仕上がりに大満足のお客さま。

それはですね、PPTとか、シリコーンとか……、

感動したお客さまは、トリートメントに興味津々。新たに得たトリートメントの知識を披露しようとするメリーさんだが……。

POINT 1~2

でも何でこんなにツヤツヤになるのかしら。トリートメントには何が入っているの?

こんなときに知っておきたい知識はコレだ！

POINT ① トリートメントの主な成分

POINT ② 髪のコンディションを整えるメカニズム

POINT ③ シリコーンって何？　**POINT ④ シリコーンは頭皮に悪い？**

POINT ① トリートメントの主な成分

トリートメントに含まれる成分のうち、特徴的なのは「カチオン性界面活性剤」と呼ばれる、水と油分と両方になじむ性質を持った成分（詳しくはPOINT②参照）。その他には、髪の状態を整えるさまざまな油や、シリコーン、保湿成分の他、トリートメントの品質を支える安定剤、防腐剤、香りをつけるための香料などが配合されている。それぞれの大まかな配合量は下図の通り。

水 ／ カチオン性界面活性剤 ／ シリコーン ／ 油分 ／ 保湿成分 ／ 安定剤・防腐剤・香料など

- **カチオン性界面活性剤**：ステアルトリモニウムクロリド、ベヘントリモニウムクロリド、ベヘントリモニウムメトサルフェートなど
- **補修成分**　シリコーン：ジメチコン、ジメチコノールなど　油分：セトステアリルアルコール、イソノナン酸イソノニル、シア脂など　保湿成分：加水分解ケラチン、加水分解コラーゲン、グリシンなど
- **安定剤・防腐剤**：EDTA-2Na、メチルパラベン、フェノキシエタノールなど

POINT ② 髪のコンディションを整えるメカニズム

第3章で学んだように、界面活性剤にはさまざまな種類があり（48ページ参照）、トリートメントに含まれる「カチオン性界面活性剤」は正電荷（プラスのイオン性）を帯びている。トリートメントの中で、カチオン性界面活性剤は親水基（水になじむ部位）を外側に、親油基（油となじむ部位）を内側にして、トリートメントに含まれる油分を囲みながら「ミセル」と呼ばれる構造を形成する。

これが毛髪に塗布されると、毛髪中に存在する負電荷（マイナスのイオン性）と電気的に引き合い、毛髪に吸着する。同時に、ミセル内部の油分も付着し、毛髪全体に作用して潤いを与える。

そして、トリートメントを洗い流すとカチオン性界面活性剤と油分が適度に洗い流され、一部が残る。毛髪は正電荷に帯電されるため、電気的反発によって絡みにくくなり、しなやかかつなめらかな手触りとなる。

トリートメントが働くしくみ

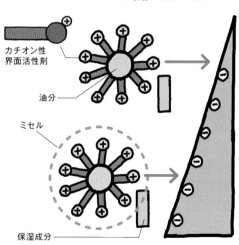

カチオン性界面活性剤

油分

ミセル

保湿成分

トリートメントを塗布すると…、

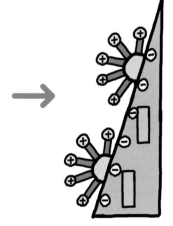

毛髪中のマイナスの電荷と引き合い、ミセル内部の油分が毛髪に付着する。

※トリートメントは通常シャンプー後に使用されるが、シャンプーには「アニオン性界面活性剤」と呼ばれる負電荷を持った成分が含まれるため、ミセルが毛髪に吸着する効果が一層高まる。

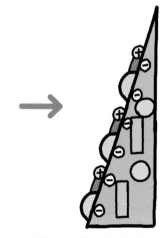

保湿成分と油分が毛髪全体に作用して、潤いを与える。トリートメントを洗い流すと、カチオン性界面活性剤と油分が適度に残り、絡みにくくしなやか＆なめらかな手触りに。

POINT ③ シリコーンって何?

シリコーンは、髪の損傷を補修し、潤いや滑り性、ツヤを与える目的で、多くのトリートメントに配合されている。シリコーンにはさまざまな種類があり、毛髪全体に均一に付着する「ジメチルポリシロキサン」、毛髪の損傷度が高い箇所に吸着しやすい「アミノ変性シリコーン」、光沢・ツヤが非常に高い「フェニル変性シリコーン」などがある。これらをうまく組み合わせることで、メーカー各社は各トリートメントの機能を調整しているわけだ。
ただし、当然ながらシリコーンの過剰配合は好ましくない。多すぎれば日々のシャンプーでシリコーンが洗いきれず、毛髪表面に残留することに。そこにトリートメントをさらに重ねるとシリコーンが蓄積し、トラブルの原因となる。

シリコーンの種類

シリコーンの種類	代表的な成分の名称	特徴
ジメチルポリシロキサン	ジメチコンなど	ヘアケア製品全般で最もよく使われる。低重合〜高重合の幅広いタイプがあり、その重合度によって、保湿性・滑り性・被膜形成・粘着性の度合いも大きく異なる。
アミノ変性シリコーン	アモジメチコンなど	アミノ基を持ち、毛髪のダメージ部位に吸着しやすい特徴があり、より強力な被膜形成・保湿効果を有する。
フェニル変性シリコーン	フェニルトリメチコンなど	高い屈折率を有することから、光沢・ツヤ・伸展性や感触付与効果が高い。

毛髪表面の状態変化

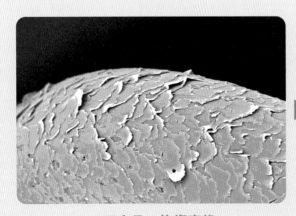

ヘアカラー施術直後

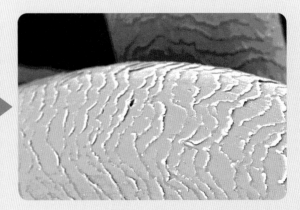

シリコーン配合トリートメント施術後
キューティクルの浮き上がりが、抑えられている。

④ シリコーンは頭皮に悪い？

シリコーンは毛穴を詰まらせると言われることがあるが、果たして、それは本当だろうか……？

皮脂の過剰分泌や汚れが原因で頭皮の毛穴が詰まり、毛髪の発育や臭い、ヘアスタイルなどに悪影響をおよぼすことは知られているが、実は、シリコーンが毛穴に詰まるという報告は、これまでない。

ただし、髪の根元付近にシリコーンが付着すると、その重さによってトップのボリュームは落ちやすくなる（下図参照）。

髪のコンディションを整える上で優れた力を発揮する、シリコーンの特徴を理解し、正しく使うことが大切だ。

根元の立ち上がり比較試験

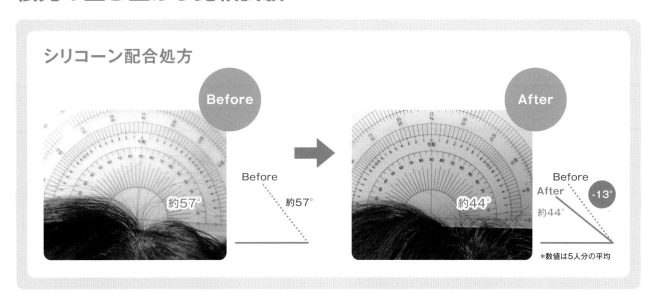

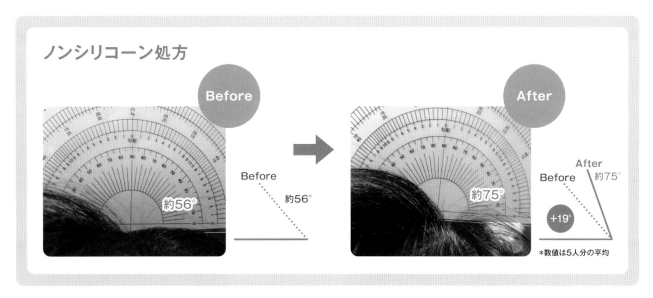

シリコーン配合の薬剤と、未配合の薬剤を毛髪にそれぞれ塗布。それらを洗い流し、乾燥させた後の根元の立ち上がりを計測して、処理前と比較した。

メントの疑問を解決！

Q ヘアトリートメントは、頭皮につけてもいいの？

A 「毛髪」用は頭皮につけない

頭皮ケアを目的としたスキャルプトリートメントの場合は、積極的に頭皮へ塗布することが効果的。一方で、ヘアトリートメントの目的は「髪のダメージ補修」です。ゆえに、最も傷みやすい「毛先」から塗布することがベター。ヘアトリートメントを頭皮からすり込むと、根元付近に過剰に付着してベタつき、髪が扱いづらくなることがあるため気を付けましょう。それぞれのトリートメントの目的を理解して、正しく使い分けることが重要です。

Q しっかり塗布しているはずなのに、イマイチ仕上がりが良くない気がするのはどうして？

A ポイントを押さえたひと手間で、効果を上げよう！

ヘアトリートメントの仕上がりを良くするためのキーワードは、「毛先」「均一」「浸透」。それぞれに関連した、塗布方法のコツが3つあります。

① 毛先からしっかりと塗布する。

根元から塗布を始めると、毛先部分に届くころには剤がなくなり、相対的な付着量が減ってしまいます。新生部である根元付近は、ダメージ度合いが低く、手に残ったものを軽く付ける程度でも十分。最も傷んでいる毛先部分に多くトリートメントがつくように心がけましょう。こうした意識が、"根元ふんわり、毛先おさまる"、という理想的な仕上がりに近づけるための第一歩です。

② 粗めのコームで均一になじませる。

ヘアトリートメントは濡れた状態の毛髪に塗布するため、どこにつけたのか見た目では分かりづらく、塗ったつもりでも見えない部分が塗れていなかった、といった事象が生じやすくなっています。その懸念を簡単に解消してくれるのがコーミング。このひと手間が、より均一で扱いやすい仕上がりにつながるのです。

③ 加温や放置をうまく使って浸透させる。

ヘアトリートメントの効果は、塗布後に数分間放置したり、促進器や蒸しタオルなどで温めたり、より剤が浸透しやすくなるような工夫をしてあげることでさらに効率がアップします。時間があるときは、いつもより手間をかけてワンランク上の仕上がりを目指しましょう。

ここでは、トリートメントの施術方法や選び方に関する
メリーさんの質問に、**サイオンジ先生**が答えます。

Q アウトバス（洗い流さない）トリートメントの種類が多くて、
どのように使い分けたらよいのかわかりません。

A 髪質や求める質感、ライフスタイルを考えれば、
最適なものがおのずと見えてくる！

アウトバストリートメントを分類すると、主に以下の3つのタイプに分けられます。

①オイルタイプ

最もメジャーな剤形であり、オイル成分によるコーティング効果や保湿性によって、摩擦熱から毛髪を保護する。シリコーンベースのものから植物油ベースのものまで、テクスチャーのバリエーションが幅広く、しっとり感やおさまりの実感が得られやすいことが特徴。

＜シリコーンベース＞

「ジメチコン」「ジメチコノール」などのシリコーンが多く含まれており、コーティング効果が高い。手に取るとやや粘性があるが、毛髪になじませるとわかりやすくなめらかでサラサラになる。ダメージによる毛髪の絡まりや引っ掛かりを改善して、とにかく指通りを良くしたいという方におすすめ。

＜植物油ベース＞

「ゴマ油」「ホホバ油」などの植物油が多く含まれており、シリコーン類は配合されていないことが多い。保湿効果が非常に高く、わかりやすいしっとり感やおさまりが得られる。束感が出やすいことから、スタイリング剤として用いられることもあり、いわゆる"オイル感"を求める方におすすめ。

②クリーム／ミルクタイプ

水分と油分がバランス良く配合された、ヘアトリートメントベースの剤形。オイルタイプでは得られにくい、みずみずしさや潤いを感じやすいことが特徴。おさまりすぎず、やわらかい仕上がりになりやすいため、動きを出したいパーマスタイルにも使用しやすいアイテム。

③ミスト／リキッドタイプ

保湿剤などの水性成分が多く配合された、化粧水ベースの剤形。寝グセ直しのような毛髪用アイテムの他に、頭皮にも使用できるものも存在する。いずれもサラっとした軽い使用感が特徴で、ふんわりしたシルエットをつくりやすい。ペタンとなりやすく、ボリューム感が欲しい方に最適。

こうした特性をしっかりと理解し、お客さま一人ひとりの髪質や要望、ライフスタイルに合わせたトリートメントを提案しましょう。

第4章では、トリートメントにまつわる毛髪科学について学びました。サロンでの提案はもとより、お客さまが自宅で行なう日常的なヘアケアについても、確かな裏づけのある知識をもとに、最適なアドバイスをできるようになりましょう。

毛髪科学マスターへの道
復習テスト

第4章

下記の質問について、答えてください。

● トリートメントにおけるシリコーンの役割とは何でしょうか?

お客さまに聞かれたらこう答えよう!
【第4章／サロンワークで使えるスタンバイコメント集】

Q. 毎日トリートメントしてもいい?

基本的には問題ありません。お客さまの髪の状態にもよりますが、傷みが激しい場合は毎日トリートメントをしてケアする必要があります。しかし、集中トリートメントやヘアパック(マスク)などを毎日使用するとダメージがケアされていくにしたがって必要以上にトリートメントが機能して(オーバートリートメント)重くなったり、手触りが悪くなったりしますので、製品ラベルの使用目安などを参考に使用量や回数を調整してください。

Q. 髪がパサついて、絡まったり広がったりします。どうしたらいい?

髪は、乾燥するとパサつき・絡まりが起こりやすくなります。頭皮の状態や髪質に合ったシャンプーを選び、指の腹を使って頭皮全体をやさしくマッサージするように洗いましょう。また、濡れた髪はダメージを受けやすい状態になりますので、必ずドライヤーで乾かしてください。また、ドライ前に洗い流さないトリートメントを使うと絡まりが抑えられますよ。スペシャルケアとしてサロンでトリートメントをするのもおすすめです。

Q. トリートメントは時間をおいてから流した方がいい?

基本的に、ご自宅ではトリートメントをして、すぐに流しても効果を得ることができます。手触りをより良くするには、時間をおいてもよいでしょう。髪への補修成分の浸透が高まります。その際の放置時間は1~3分間ぐらいで十分です。長くおきすぎると、髪の状態によってはベタつきを引き起こすことがあるので、時間を調整して使用してください。

Q. トリートメントでヘアカラーの持ちを良くすることはできますか?

トリートメントによってヘアカラーの褪色を抑えることができます。褪色の主な原因は、シャンプーの洗浄成分が髪に入り、色素を洗い流してしまうことにあるため、トリートメントでしっかりと髪を補修してあげることで、色素が髪の内部にとどまりやすくなります。色素が抜けやすいヘアカラー直後の髪には、サロンでのシステムトリートメントがおすすめです。

答えは、 ● 髪の質感を補修して、潤いや艶を与えること。

第5章

髪を美しく染めるために

ヘアカラーのしくみを知る①

ヘアデザインの要素として、欠かせないヘアカラー。ただ、ひと口にヘアカラーといっても、その種類は実にさまざまです。そこで第5章では、種類ごとの特徴や主要成分を紹介するとともに、それぞれのしくみを詳しく解説します。毛髪科学の知識を学び、ヘアカラーをより深いものにしていきましょう。

ヘアカラーの毛髪科学

サロンワーク発想で学ぶ 第5章のトピックス

お客さまとの会話をきっかけに、毛髪科学の知識を深めます。
第5章は、ヘアカラーのための科学を学びます。

STEP.4
⇩
p.84へ

なぜ明度の違いが出せるのか?

アルカリカラー剤で明度の違いを出せる理由を知ろう。

髪本来の色とは?

STEP.1
⇩
p.76へ

髪が本来持っている色素の秘密について知ろう。

STEP.5
⇩
p.86へ

ブリーチのしくみとは?

ブリーチ剤で髪が明るくなるメカニズムを知ろう。

ヘアカラー剤の種類と特徴とは?

STEP.2
⇩
p.78へ

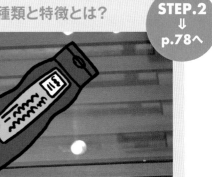

世の中に流通するさまざまなタイプのヘアカラー剤の特性
を知ろう。

STEP.6
⇩
p.90へ

ヘアマニキュアのしくみとは?

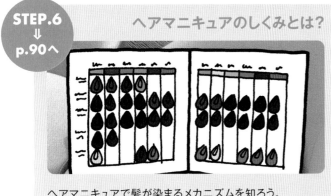

ヘアマニキュアで髪が染まるメカニズムを知ろう。

アルカリカラー剤のしくみとは?

STEP.3
⇩
p.80へ

アルカリカラー剤で髪が染まるメカニズムを知ろう。

人類が初めて髪を染めたのは儀式のためだった!?

旧石器時代からひも解くヘアカラーの歴史

ヘアカラーに役立つ毛髪科学を学ぶ前に、準備体操！
ヘアカラーの歴史をたどることから、毛髪科学の扉を開いてみましょう。

ヘアカラーっていつからあるの？

ヘアカラーの起源は、旧石器時代後期、儀式の際に樹木の汁などを使って髪を染めたことと言われている。その後、19世紀には、酸化染料（パラフェニレンジアミン）と過酸化水素が発見され、今日よく使用されている酸化染毛剤（アルカリカラー剤）が誕生した。酸化染料と過酸化水素との組み合わせによるヘアカラー剤は、1883年にフランスで特許が取得され、日本では1916年（大正5年）ごろから発売されるようになった。

"髪を染めたい"という感情は、人類のDNAに組み込まれているのかも……。

ヘアカラー年表

年代	出来事
旧石器時代	樹木の汁などを儀式の際に使用。
紀元前3000年	エジプトやアッシリア（現イラク）などでは、草花の色素であるヘナやインディゴなどで染毛。
紀元前350年	ギリシャ人が髪をブロンドに染めたとの記録が残る。
1183年	『平家物語』に墨を使った白髪染めが記述される（日本における最古のヘアカラー記録）。
1818年	過酸化水素の発見。
1863年	酸化染料（パラフェニレンジアミン）がドイツ人により発見される。
1883年	ヘアカラーの特許がフランス人により出願される。
1905年	オハグロ式（媒染染毛法：タンニン酸＋鉄）が発売される。
1907年	日本で初めて酸化染料によるヘアカラーが導入される。
1916年	過酸化水素水を用いたヘアカラー剤が水野甘苦堂（現ホーユー）より登場。
1955年	オシャレ染めの開発が始まる。
1965年	昭和40年代よりオシャレ染めが普及し始める。ブリーチ、カラーリンス、カラースプレー、ヘアマニキュアなどの開発が始まる。
1970年	自宅で染めるホームユースのヘアカラー剤が普及し始める。
1985年	ヘアマニキュア・酸性カラーが普及し始める。
1990年代	若年層から明るさと色調を主張するヘアカラーブームがわき起こる。
2000年代〜現在	老若男女を問わず、ヘアカラーがより日常的なものとして定着。ヘアカラーを専門に行なうカラリストが活躍するサロンの増加と同時に、ホイルワークなどの高度な技術や理論が注目を集めるように。また、毛髪科学、発色理論などの最新技術を踏まえたヘアカラー剤が次々と発売される。

アルカリカラー剤が一般的に普及したのは、ヘアカラーの長い歴史の中で考えれば、最近の話なんだね〜。

メラニン色素

地毛の色は何が
もとになっているんだろう?

髪という素材に彩りを加えるのがヘアカラーです。素材が本来持っている色を知らなければ、美しいヘアカラーは提案できません。ここでは、髪を染める科学の前に、髪が本来持っている色素について学びます。

お客さまに、髪をほめられて少しうれしいメリーさん。

お客さまからの質問に、質問で答えてしまったメリーさん。さらに詳しくメラニン色素について知る必要がありそうだ。

毛髪の構造に詳しくなってきたメリーさんは、お客さまの質問に的確に答えられるようになっている。

こんなときに知っておきたい知識はコレだ!

POINT
① 地毛の色はどのように決まるの?

POINT
② もっとメラニン色素について知りたい!

POINT
③ 脱色されやすいメラニン、されにくいメラニン

POINT ① 地毛の色はどのように決まるの?

毛髪内に含まれるメラニン色素が、地毛の色の源。メラニン色素は、黒〜褐色、赤褐色〜黄色のごく小さな粒状の色素で、コルテックス内に存在し、毛球のメラノサイトでつくられている。毛髪からメラニン色素がなくなった状態が白髪である。

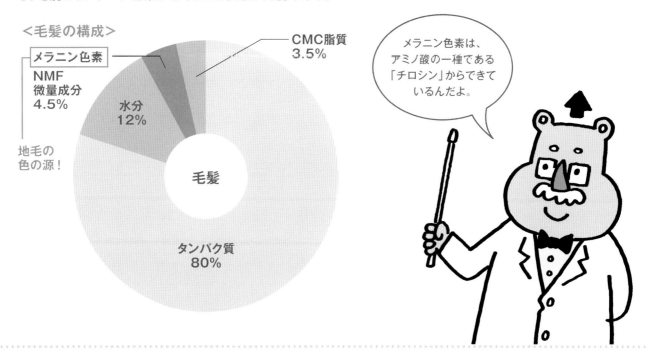

＜毛髪の構成＞

- メラニン色素
- NMF 微量成分 4.5%
- 水分 12%
- CMC脂質 3.5%
- タンパク質 80%
- 毛髪

地毛の色の源!

> メラニン色素は、アミノ酸の一種である「チロシン」からできているんだよ。

POINT ② もっとメラニン色素について知りたい!

髪色を決定するメラニン色素には、黒〜褐色をしたユーメラニンと、赤褐色〜黄色をしたフェオメラニンの2種類がある。そして、ユーメラニンの割合が多く、量が多いほど毛髪は黒くなる。つまり、黒髪はユーメラニンの量が多く、ブロンドヘアは少ないということ。

ユーメラニン	×	フェオメラニン	=	地毛の色
黒〜褐色。ブリーチ剤によって分解しやすい性質を持つ。		赤褐色〜黄色。ユーメラニンに比べ強固でブリーチ剤でも分解されにくい。		ユーメラニンとフェオメラニンの割合で地毛の色は決まる。

> ヘアカラーはもともと色を持った髪に、色を足したり、引いたりする行為。メラニン色素は無視できない存在!

CHECK! 覚えておこう

毛髪に含まれるユーメラニンとフェオメラニンの割合の違いにより、地毛の色は決まる。

POINT ③ 脱色されやすいメラニン、されにくいメラニン

黒髪をブリーチ剤で脱色すると、赤褐色→赤みの強いオレンジ→黄みの強いオレンジ→黄色と、塗布時間により変色していく。これは、ブリーチ剤の影響を受けやすいユーメラニン(黒〜褐色)がまず分解され、フェオメラニン(赤褐色〜黄色)が分解されずに残るのが大きな要因。

ヘアカラー剤の種類

ヘアカラー剤には
どんなタイプがあるの?

次に、ヘアカラー剤の種類を整理します。それぞれの特徴を熟知し、サロンワークで薬剤を使い分けるのはもちろん、
髪を扱うプロとして、ホームカラーで使用されることの多いタイプについても語れるようになりましょう。

❸ **❶**

う〜ん何だろ〜。詳しく話してくれませんか?

ねぇメリーさん。トリートメントしながら髪を染められる商品があるのを知ってる?

あ〜うちではそういうの扱っていないので、ちょっとよく分かんないですね。

毎日これでトリートメントをすると、少しずつ白髪が染まっていくらしいの。

ホームカラーの話になると、とたんに知識の乏しいメリーさん。

お客さまから、未知のヘアカラー剤の情報を聞いて、興味を持つメリーさん。

POINT ❶ **❹**

う〜ん。

そもそも世の中にはどんなヘアカラー剤が出回っているのか、私あまり知らないな。

❷

これなんだけど?

メリーさんは髪のプロとして、ホームカラーも含めたヘアカラー剤のさまざまなタイプを知りたくなった。

お客さまはおもむろにバックの中から市販品のカラートリートメントを取り出した。

こんなときに知っておきたい知識はコレだ!
POINT
❶ ヘアカラー剤の分類

ヘアカラー剤の分類

ヘアカラー剤は、薬機法で染毛剤（医薬部外品）と染毛料（化粧品）に分類されている。染毛剤には、酸化染料を配合した「酸化染毛剤」、ポリフェノールや金属イオンを配合した「非酸化染毛剤」、染料が配合されていない「脱色剤」がある。染毛料には酸性染料を配合した「酸性染毛料」、塩基性染料・HC染料を配合した「塩基性染毛料」、一時的染毛料の「毛髪着色料」がある。

<どんなヘアカラー剤が世の中に流通しているのかな?>

化粧品（染毛料）			医薬部外品（染毛剤）			薬機法上の分類
毛髪着色料	塩基性染毛料	酸性染毛料	脱色剤	非酸化染毛剤	酸化染毛剤	名称（分類）
顔料、油溶性染料	塩基性染料、HC染料、浸透剤、カチオン性界面活性剤	酸性染料、浸透剤、酸	1剤:アルカリ剤、過硫酸塩 2剤:過酸化水素	1剤:ポリフェノール、金属イオン	1剤:酸化染料、アルカリ剤 2剤:過酸化水素	主要成分
染料の発色	染料の発色	染料の発色	メラニン色素の脱色 染料の分解	染料の発色	メラニン色素の脱色 染料の発色	働き
● ダメージがない ● 1度のシャンプーで落ちる	● 明度アップできない ● 毛髪ダメージがない ● 地肌に付着しても取れやすい ● 鮮やかに発色する	● 明度アップできない ● 地肌が染まりやすい ● カラーチェンジしにくい	● 染料が配合されておらず、脱色だけを行なう ● 毛髪へのダメージが大きい ● かぶれることがある	● 明度アップできない ● 黒系の色しかない ● パーマがかかりにくい ● 時間がかかる	● 明度アップが可能 ● 色数が豊富 ● カラーチェンジしやすい ● 毛髪にダメージがともなう ● 地肌が染まりにくい ● かぶれることがある	特徴
－	弱酸性～アルカリ性	酸性	アルカリ性	アルカリ性	中性～アルカリ性	pH
1日	1～2週間	3～4週間	－	1ヵ月	2～3ヵ月	色持ち
● カラースプレー ● カラースティック	● カラーリンス ● カラートリートメント	● ヘアマニキュア	● ブリーチ ● ライトナー	● オハグロ式白髪染め	● アルカリカラー剤 ● ローアルカリカラー剤 ● 酸性酸化型カラー剤	通称

> サロンでの使用頻度が高い酸化染毛剤と酸性染毛料、塩基性染毛料の特徴をしっかり覚えておこう!

CHECK! 覚えておこう

市場には多種多様なヘアカラー剤が流通している。どのヘアカラー剤を使用するかで、仕上がりや色持ちが大きく異なる。

ファッションカラーとグレイカラーの違い
「ファッションカラー」と「グレイカラー」とで使用目的が異なっていても、分類上は同じ「酸化染毛剤」や「塩基性染毛料」。2つの大きな違いは、それぞれの色（染料）が異なることにある。ファッションカラーではより鮮やかに発色するための色（染料）を選択しており、一方でグレイカラーでは白髪をなじませるため、にごり・くすみのある色（染料）を選択している。

塩基性染毛料とは?
2001年の化粧品規制緩和により、化粧品への配合が可能になった塩基性染料やHC染料を配合した染毛料のこと。「カラーリンス」「カラートリートメント」として、連日使用することで少しずつ白髪に色みを補強するものと、鮮やかに発色するものが販売されている。

酸化染毛剤のメカニズム

どうしてアルカリカラー剤で髪が染まるんだろう?

次に、サロンでの使用頻度が高い酸化染毛剤(アルカリカラー剤)において、
髪が染まるしくみを学びましょう。

POINT 1

では、髪を染めていきますね。

よろしくねー。あんまり髪を傷ませないでね(笑)

施術に入る前に、髪を傷ませたくないとメリーさんに伝えるお客さま。

3

ところで、ローアルカリカラー剤って何? どうして髪にやさしいの?

メリーさんは説明を求められた。

2

今日は髪にやさしいローアルカリカラー剤を使うのでご安心ください。これは1剤と2剤を混ぜたお薬ですよ。

そうなんだー。

1剤と2剤を混ぜた薬剤を見せる演出をするメリーさん。

POINT 2

POINT 3

確かに、どうしてローアルカリカラー剤は髪にやさしいのかな?

4

メリーさんは、ローアルカリカラーだとなぜ傷みにくいのか、その理由を知りたくなった。

こんなときに知っておきたい知識はコレだ!

POINT 1 酸化染毛剤で髪が染まるしくみ
（アルカリカラー剤）

POINT 2 酸化染毛剤が脱色と発色を起こす鍵は「酸素」
（アルカリカラー剤）

POINT 3 アルカリカラーとローアルカリカラーの違い

酸化染毛剤（アルカリカラー剤）で 髪が染まるしくみ

アルカリカラー剤は、酸化染料とアルカリ剤を主成分とする1剤と、過酸化水素を主成分とする2剤からなる。1剤と2剤を混合して使用することにより、メラニン色素を分解・脱色するとともに、染料を毛髪内で発色させて、髪を染める。

1剤と2剤が混ざり合った瞬間から反応はスタートしています！

キューティクル
染料の通り道になる。酸化染料がキューティクルの間に存在するCMCを通って毛髪内部に染着する。

メラニン色素
毛髪本来の色を生み出している色素。

酸化染料
ヘアカラーの色み。酸化染料の染料中間体とカップラー、もしくは染料中間体同士が結合する（＝酸化重合）と発色する。

＜アルカリカラーが髪を染めるプロセス＞

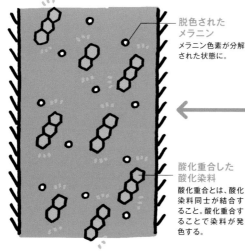

脱色されたメラニン
メラニン色素が分解された状態に。

酸化重合した酸化染料
酸化重合とは、酸化染料同士が結合すること。酸化重合することで染料が発色する。

1剤と2剤を混ぜることで生じる酸素が、メラニン色素を分解・脱色する。それと同時に、酸化染料が発色。発色した染料は「酸化重合」して高分子化している（大きくなっている）ので、外部に流出しにくく、毛髪の内部にとどまることができる。

酸化染毛剤で染色後の毛髪断面写真。毛髪内部まで染まっているのが分かる。

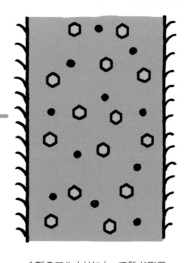

1剤のアルカリによって髪が膨潤してキューティクルが開き、酸化染料が髪の内側に浸透。

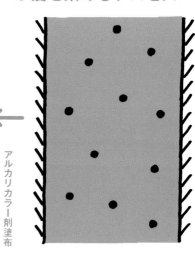

アルカリカラー剤塗布

＜ 毛髪 ＞

＜酸化重合のイメージ＞

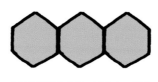

酸化

1剤だけの状態では、酸化染料は結合していない。

2剤の過酸化水素の酸化力で酸化染料が結合し、「酸化重合体」がつくられて発色が始まる。
※図はイメージです。

POINT ② 酸化染毛剤（アルカリカラー剤）が脱色と発色を起こす鍵は「酸素」

前ページで学んだ通り、アルカリカラー剤は、メラニン色素を脱色し、酸化染料を発色させる。この、脱色と発色を行なう際に絶対に欠かせないのが「酸素」。「酸素」は、1剤のアルカリ剤と2剤の過酸化水素が反応することで生じる。

<アルカリカラー剤のメカニズム>

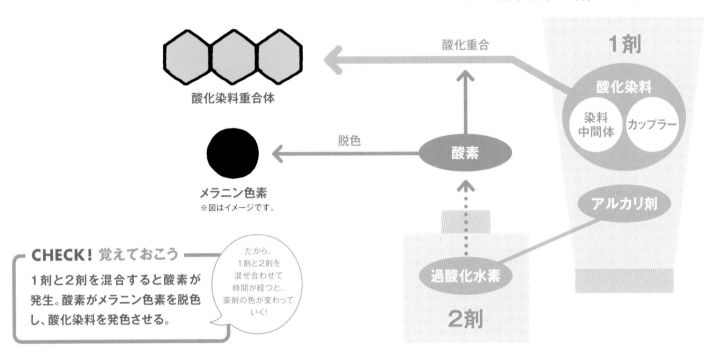

CHECK! 覚えておこう

1剤と2剤を混合すると酸素が発生。酸素がメラニン色素を脱色し、酸化染料を発色させる。

だから、1剤と2剤を混ぜ合わせて時間が経つと、薬剤の色が変わっていく！

POINT ③ アルカリカラーとローアルカリカラーの違い

酸化染毛剤にも種類があるよね？どう使い分ける？

酸化染毛剤には、多くの種類、製品がある。それらは、pHやアルカリ量の違いによって「アルカリカラー剤」「ローアルカリカラー剤」「酸性酸化型カラー剤」と呼び分けられる。基本的には、アルカリ量が低くなると毛髪のダメージは少ないが、色調が限られる。また酸性酸化型は、黒系の色調しか表現できないため、用法は白髪染めに限られる。

<アルカリカラーは明るさが表現でき、ローアルカリカラーはダメージ毛に適する>

酸性酸化型カラー剤	ローアルカリカラー剤	アルカリカラー剤	
6.5以下	7.5〜9.5	9.5〜11.0	pH
なし	小	大	アルカリ量
ほとんどなし	ややあり	あり	リフト力
黒系のみ	ほとんどの色調が可能 pHが低いと色がくすむ傾向	ほとんどの色調が可能	色調
ほとんどなし	非常に少ない	少し大きい	毛髪ダメージ

アルカリカラー剤には何が入っているんだろう?

アルカリカラー剤について、より深い知識を得るために、ここでは、内容成分とその役割について掘り下げる。

1剤

染料中間体同士またはカップラーと酸化重合し発色する
(パラフェニレンジアミン・硫酸トルエン-2,5-ジアミン・パラアミノフェノールなど)。

染料中間体

単独では発色しない。染料中間体と重合して発色する
(レゾルシン・メタアミノフェノールなど)。

カップラー

酸化重合しなくても単体で発色する。

直接染料

染料

ヘアカラーの色素となる。

揮発性が高く髪に残りにくい。独特の刺激臭がある。リフト力が高い。

アンモニア水

刺激臭が少ない。揮発性が低く髪に残留しやすい。

モノエタノールアミン

刺激臭が少ない。揮発性が低く髪に残留しやすい。

AMP

刺激臭が少ない。薬剤のpHを下げる効果を持つ。

炭酸水素アンモニウム

アルカリ剤

毛髪の膨潤、メラニン色素の分解に欠かせない。

安定剤

酸化防止剤・パラベン・金属封鎖剤など製品の効果を安定させるため、必要に応じて配合される。

毛髪保護成分

PPT、アミノ酸、植物エキスなど。毛髪ダメージを防止・補修する。

基剤

界面活性剤／クリーム状の剤形をつくる。成分の浸透促進作用もある。
油脂類／クリームの主成分。毛髪を保護する働きもある。

1剤は、染料とアルカリ、2剤は、酸化剤が主成分!

2剤

安定剤

pH調整剤・金属封鎖剤など製品を安定させるため、必要に応じて配合される。

酸

リン酸、クエン酸など過酸化水素を安定させるため、酸を配合して薬剤のpHを酸性にする。

基剤

界面活性剤／クリーム状の剤形をつくる。成分の浸透促進作用もある。
油脂類／クリームの主成分。毛髪を保護する働きもある。

酸化剤
酸素の源。

過酸化水素

強い酸化力を持ち、酸化染料の重合やメラニン色素の分解を行なう。

アルカリカラー剤が、明度の違いを表現できる理由とは?

明るい色から暗い色まで、アルカリカラー剤による明度表現は、実に幅広いです。

では、アルカリカラー剤では、どのような成分配合により、明度の差を表現できるようになっているのでしょうか?

③ おりこうなお薬を使っているのね。

③ はい。お薬を置いておく時間さえ守れば、ねらった明るさが出せるんです。

自信満々に語るメリーさんである。

① 塗り始めてからおおむね30分前後です。

① 今日は、どれくらい時間がかかるの?

施術にかかる時間を聞かれて答えるメリーさん。

2~3 POINT さまざまな明度を、同一の放置タイムで、幅広く表現できるのは本当にアルカリカラー剤のおかげだよね。

低明度と高明度ではアルカリや染料の配合比率にどんな違いがあるのかな?

④ メリーさんは、アルカリカラー剤の1剤に含まれるアルカリと染料の配合比率に着目。毛髪科学マスターにさらに一歩近づこうとしている。

② ① POINT はい。暗くしたい場合も明るくしたい場合もかける時間は同じです。

どんな明るさの髪にする場合にも同じ30分前後なの?

メリーさんは、これまでの経験に基づいて説明。

こんなときに知っておきたい知識はコレだ!

POINT ① 脱色作用と発色作用のスピードは同じ?

POINT ② 明度の違いによる脱色と発色の関係

POINT ③ 1剤をミックスした場合の脱色力と発色力

POINT ① 脱色作用と発色作用のスピードは同じ？

酸化染毛剤の働きは、脱色作用と発色作用に分けられる。この2つの作用は、異なるメカニズムによって起こるため、それぞれが進行する速さも違う。
● 脱色作用は、作用の立ち上がりは速いものの、時間がたつにつれ、働きがにぶくなる。
● 発色作用は、ゆっくりと働き始めるが、時間がたってもそれほど働きはにぶらない。
そして、それぞれの作用が十分かつ適正に作用するヘアカラーの放置タイム（完全発色ゾーン）は、20〜40分程度となる。

<脱色作用と発色作用が進むイメージ>

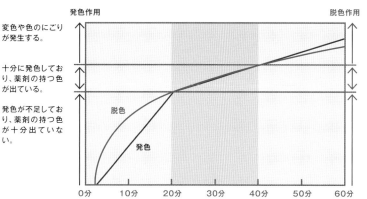

発色作用 ←→ 脱色作用

変色や色のにごりが発生する。

十分に発色しており、薬剤の持つ色が出ている。

発色が不足しており、薬剤の持つ色が十分出ていない。

脱色はほとんど進行せず、ダメージだけ大きくなる。

脱色とダメージのバランスがとれている。

脱色が十分に進んでいない。

0分　10分　20分　30分　40分　50分　60分

脱色

発色

不完全発色ゾーン
重合と発色のバランスがとれていない。

完全発色ゾーン
重合と発色のバランスがとれている。
⇒薬剤の色をしっかり表現。

オーバータイム
ダメージが大きくなったり、変色や色のにごりの原因になる。

POINT ③ 1剤をミックスした場合の脱色力と発色力

高明度の1剤と低明度の1剤をミックスして中明度の薬剤をつくった場合、脱色力と発色力は双方とも強くなる。具体的に言うと、はじめから「アルカリ量6：酸化染料6」の配合比率に設定された薬剤よりも、高明度の薬剤と低明度の薬剤をミックスしてつくった「アルカリ量6：酸化染料6」の薬剤のほうが、パワーが強くなるということ。高明度の薬剤と低明度の薬剤をミックスした場合、はじめから設定された薬剤よりもアルカリ量、酸化染料量とも多くなるからである。

はじめから設定されている薬剤のパワー

高明度薬剤と低明度薬剤をミックスした場合のパワー

<ミックスしたほうがパワーが強くなる>

脱色力　発色力
ミックス後のパワー

←

脱色力　発色力
高明度薬剤

＋

脱色力　発色力
低明度薬剤

POINT ② 薬剤の明度の違いによる脱色と発色の関係

薬剤の明度は、脱色作用によるリフトアップと、発色作用によるレベルダウンの両方の作用の結果で決まる。低明度のヘアカラー剤は、脱色作用よりも発色作用が強くなるよう設計される（アルカリ量＝少、染料＝多）。高明度のヘアカラー剤は、発色作用よりも脱色作用が強くなるよう設計される（アルカリ量＝多、染料＝少）。アルカリカラー剤は、脱色作用と発色作用をアルカリ量と染料の比率を調整することによって幅広い明度の違いを表現できる。

<薬剤の明度と配合成分の関係>

低明度　　　　中明度　　　　高明度

アルカリ　染料　　アルカリ　染料　　アルカリ　染料

CHECK! 覚えておこう
アルカリ量と染料の量を調整することで明度の違いが生み出される。

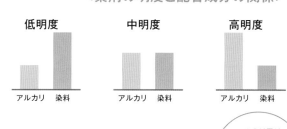

アルカリ量は脱色力と、染料の量は発色力とそれぞれ比例関係にある。

どうしてブリーチ剤で髪が明るくなるんだろう?

ハイトーンカラーを表現する上で欠かせない、ブリーチ剤。
ブリーチ剤で髪が明るくなるしくみを学びましょう。

3 しかし、お客さまのふとした疑問に言葉を詰まらせる。

うっ……

そういえば、強いカラー剤って、ブリーチと何が違うの?

1 流行の明るめヘアカラーが気になるお客さま。

それなら、ブリーチにチャレンジしてみますか?

今日はこういう感じにしたいな〜

4 メリーさんは、ブリーチに興味を持った。

確かに、ブリーチとアルカリカラーはどう違うんだろう……?

2 ダメージを気にするお客さまを安心させようと、力強く返答するメリーさん。

ブリーチの強さをコントロールするので、大丈夫ですよ。

でも、ブリーチって髪が一気に傷んじゃうイメージだよね。

1~4 POINT

こんなときに知っておきたい知識はコレだ!

POINT 1 ブリーチ剤で髪が明るくなる鍵は「過硫酸塩」

POINT 2 アルカリカラー剤とブリーチ剤、脱染剤の違い

POINT 3 ブリーチ剤のパワーは、オキシ2剤の濃度と混合比率でコントロールしよう

POINT 4 ブリーチ剤の施術のコツは「反応時間・温度・浴比」

ブリーチ剤には何が入っているんだろう?

まずは、ブリーチ剤に含まれる成分と、その役割を理解しよう。

1剤

過硫酸ナトリウム、過硫酸アンモニウムなど、非常に強いメラニン漂白力を持つ成分。 → **過硫酸塩**

過炭酸ナトリウムなど、過硫酸塩より穏やかだが、強いメラニン漂白力を持つ成分。 → **過炭酸塩**

→ **酸化剤**

メラニン脱色のための、酸素の源となる。

無水ケイ酸ナトリウム、ケイ酸ナトリウムなど、強いアルカリ力を持つ成分。毛髪を膨潤させ、浸透力を向上させる。 → **ケイ酸塩**

炭酸水素ナトリウムなど、不快臭が少ない成分。反応中の薬剤のpHを高く保つ。 → **炭酸塩**

→ **アルカリ剤**

毛髪の膨潤、メラニン色素の分解に欠かせない。

ブリーチ剤は、1剤にも2剤にも酸化剤が配合されるよ。

その他

パウダーに色を付けるため、グンジョウなどの着色剤が配合される。

安定剤

金属封鎖剤など、製品の効果を安定させるため、必要に応じて配合される。

基剤

増粘剤／オキシと混合した後に、クリーミーな性状に保つ作用がある。
賦形剤・油脂類／パウダーを形づくる成分。粒子の大きさにより、混ぜやすさ・舞いにくさが変わる。

2剤

安定剤

pH調整剤・金属封鎖剤など製品を安定させるため、必要に応じて配合される。

酸

リン酸、クエン酸など過酸化水素を安定させるため、酸を配合して薬剤のpHを酸性にする。

基剤

界面活性剤／クリーム状の剤形をつくる。成分の浸透促進作用もある。
油脂類／クリームの主成分。毛髪を保護する働きもある。

酸化剤

→ **過酸化水素**

強い酸化力を持ち、酸化染料の重合やメラニン色素の分解を行なう。

※2剤はアルカリカラー剤と共通して使うことが多い。

POINT 1 ブリーチ剤で髪が明るくなる鍵は 酸化剤・「過硫酸塩」

前ページまでで学んだ通り、脱色には「酸素」が欠かせない。ブリーチ剤には、この「酸素」を発生させるための酸化剤が1剤にも2剤にも配合されているため、アルカリカラー剤よりも毛髪を脱色させることができる。

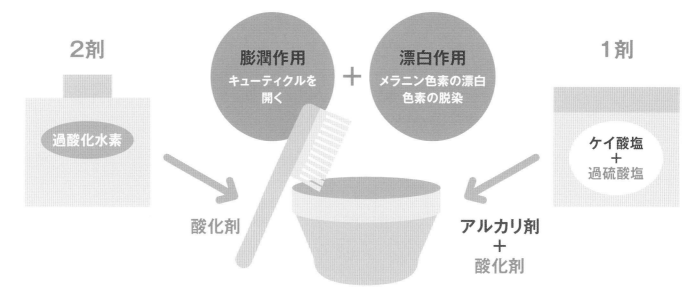

2剤
過酸化水素

膨潤作用
キューティクルを開く

+

漂白作用
メラニン色素の漂白
色素の脱染

1剤
ケイ酸塩
+
過硫酸塩

酸化剤

アルカリ剤
+
酸化剤

● 1剤にアルカリ剤と酸化剤（過硫酸塩）の両方の要素があり、漂白効果に優れる。
● 過硫酸塩は、染料重合体を破壊する力（脱染効果）も伴っている。

ブリーチ剤にもさまざまな種類があるよ。

POINT 2 アルカリカラー剤と ブリーチ剤、脱染剤の違い

過硫酸塩の脱染効果に特化した製品として、「脱染剤」がある。これらはブリーチ剤とはpHやアルカリが異なり、好みの明るさによって使い分けることができる。

<毛髪への影響と明るさの違い>

特徴＼製品種類	脱染剤	ブリーチ剤	ローアルカリカラー剤	中明度の アルカリカラー剤	強い アルカリカラー剤
pH	8.0〜9.5	10.0〜12.0	7.5〜9.0	8.5〜10.0	10.0〜12.0
アルカリ	低〜中	高	低	中	高
過硫酸塩の有無	あり	あり	なし	なし	なし
リフト力	ややあり	最も強い	ややあり	あり（通常）	強い
毛髪ダメージ	中程度	とても大きい	非常に小さい	ややあり	大きい

POINT ③ ブリーチ剤のパワーは、オキシ2剤の濃度と混合比率でコントロールしよう

ブリーチ剤には、1剤（ブリーチ）と2剤（オキシ）の両方に酸化剤が含まれているが、1剤に対する2剤の比率が高すぎると、リフト力は下がる。また、オキシの混合比が高くなれば明度の上がり方が緩やかになり、コントロールしやすくなるが、粘性が緩くなり、操作性は落ちる。一般に、使用するオキシの濃度が高いほどリフト力は高い。

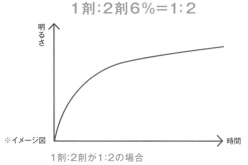

1剤：2剤6％＝1：2

1剤：2剤が1：2の場合
立ち上がりが早く、一気に脱色できる。ただし、その分ダメージも進みやすい傾向にある。

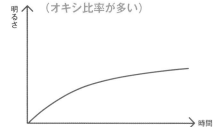

1剤：2剤6％＝1：4
（オキシ比率が多い）

1剤：2剤が1：4の場合
アルカリを下げて使うことによりダメージは小さくなるが、脱色力も弱くなる。

> 髪の状態を見極めることが重要！

CHECK！ 覚えておこう
ブリーチの脱色力は、ブリーチと2剤（オキシ）の混合比率・濃度で変化する。比率による粘性変化にも注意しよう。

POINT ④ ブリーチ剤の施術のコツは「反応時間・温度・浴比」

ブリーチは、反応時間や温度、浴比（毛髪に対する使用量）によっても脱色力が変わる。うまくコントロールして、思い通りの明るさにしよう。

ブリーチと時間の関係

ブリーチ剤はアルカリカラー剤と比べ、反応速度が早い。塗り始めと終わりの時間差があるほど、均一な仕上がりが求めにくくなるため、塗布スピードがとても重要。

ブリーチと温度の関係

ブリーチは、熱によって明るくなりやすい。特に根元は体温の影響が非常に高く、根元5mm〜1cmを外して時間差で後から塗布するようにするなどの調整が必要な場合もある。また、ホイルワークで熱がこもったり、エアコンの風が当たったりして想定以上に明るくなってしまうこともあるので注意しよう。

ブリーチと浴比の関係

ブリーチは、使用量や塗布時の力に左右されやすい。パネルの幅や塗布量、均一な力加減を意識しよう。

> 10分の塗布差があると、かなりの明度差ができるね。

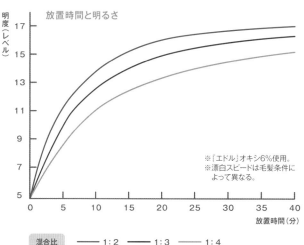

放置時間と明るさ

※『エドル』オキシ6％使用。
※漂白スピードは毛髪条件によって異なる。

混合比　── 1：2　── 1：3　── 1：4

どうしてヘアマニキュアは 傷みにくいの?

アルカリカラーよりもヘアマニキュアのほうが髪にやさしいと言われます。
それはなぜなのか。毛髪科学の観点から解き明かします。

POINT 1

ふつうのヘアカラーとは違う染まり方をするの?

3
お客さまからの素朴な疑問が投げかけられる。

いますよ!髪の指通りが良くなりますし、ツヤも出ます。

1

ねぇねぇ美容室でヘアマニキュアをする人っているの?

4
確かに、ヘアマニキュアは、髪をどんなふうに染めているのかな?

ヘアマニキュアのしくみもきちんと勉強しておけばよかったと後悔するメリーさんである。

2

髪が傷みにくいですし、おすすめです。

メリーさんは、ヘアマニキュアのカラーチャートをお客さまに見せながら語る。

お客さまからの突然のつっこみに答えるメリーさん。

こんなときに知っておきたい知識はコレだ!

POINT 1 酸性染毛料(ヘアマニキュア)で 髪が染まるしくみ

酸性染毛料（ヘアマニキュア）で髪が染まるしくみ

ヘアマニキュアに配合されている酸性染料は、マイナスの電荷を持ち、毛髪を構成しているケラチンタンパクのプラス部分とイオン結合することで毛髪を着色する。アルカリ剤や過酸化水素を使用しないので、髪へのダメージはないと言われることが多い。しかし、染料をより内部まで浸透させるため、ベンジルアルコールやエタノールなどの浸透剤が配合されているケースが多く、髪への負担がゼロとは言い切れない。

CHECK！ 覚えておこう

ヘアマニキュアは、アルカリ剤や過酸化水素を使用せずに染まるから傷みにくい。

でもやっぱりダメージがゼロというわけじゃない！

酸性染毛料で染色後の毛髪断面。キューティクルとコルテックスの浅い部分のみ染まっているのが分かる。

＜ヘアマニキュアが髪を染めるプロセス＞

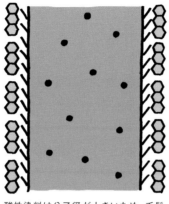

酸性染料は分子径が大きいため、毛髪内部まで浸透できず、キューティクルやコルテックスの浅い部分にイオン結合で染着する。色持ちは3〜4週間程度。

ヘアマニキュア塗布

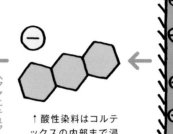

↑酸性染料はコルテックスの内部まで浸透できない大きさ。マイナスの電荷を持っており、毛髪のプラスの電荷とイオン結合する。

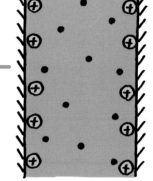

毛髪の表面は通常、ドライの状態でプラスに帯電している。

ヘアマニキュアは何でできるの？

ヘアマニキュアについて、より深い知識を得るために、ここでは内容成分とその役割について掘り下げる。

増粘剤
粘性や塗布時の操作性を高める。

酸
pHを酸性にするために配合される（クエン酸・乳酸など）。

浸透剤
染料をより毛髪内部まで浸透させるために配合される（ベンジルアルコール・エタノールなど）。

酸性染料
分子径が大きく、毛髪内部まで浸透しない。マイナス電荷を持ち、毛髪のプラス部分とイオン結合する（紫401・黒401・黄4・青205など）。

安定剤
酸化防止剤・パラベン・金属封鎖剤など、製品を安定させるため必要に応じて配合される。

毛髪保護成分
PPT、アミノ酸、植物エキスなど毛髪ダメージを防止・補修する。

基剤
界面活性剤／クリーム状の剤形をつくる。成分の浸透促進作用もある。
油脂類／クリームの主成分。毛髪を保護する働きもある。

ヘアマニキュアの染料は大きいんだね！

第5章は、酸化染毛剤とブリーチ剤、酸性染毛料を中心に、髪が染まるメカニズムについて学びました。髪を扱うプロとして、ヘアカラー剤が髪をどのように染めるかは、必須知識です。美しい髪色を導くためにもぜひ、ヘアカラーの原理を知っておきましょう。

第5章 ## 毛髪科学マスターへの道
復習テスト

下記の質問について答えてください。

● メラニン色素を分解・脱色したり、
酸化重合したりする際に欠かせない物質とは?

お客さまに聞かれたらこう答えよう!
【第5章／サロンワークで使えるスタンバイコメント集】

Q. 地毛が黒っぽいのはどうして?

髪には、メラニン色素と呼ばれる色の源があります。メラニン色素には黒〜褐色をしているものと、赤褐色〜黄色をしたものの2種類があり、日本人の多くは、黒〜褐色をしたメラニン色素が多く、地毛がブロンドヘアの場合は、それが少ないんです。

Q. 美容室でヘアマニキュアをする人っているの?

ヘアマニキュアは、色持ちが一般的なアルカリカラーよりも短いですが、髪への負担をかなり抑えることができます。また、指通りやツヤが良くなるので大人のお客さまを中心に人気ですよ。

Q. どうしてヘアカラーは欧米で盛んなの?

日本人(アジア人)の髪は黒髪でムラが少ない髪ですが、欧米人の場合、濃いブロンドと薄いブロンドなどが混在し、色ムラの多い髪であることが多いため、均一な髪色にするためヘアカラーが盛んになりました。

Q. どうしてブリーチ剤は明るくなりやすいの?

ブリーチ剤は、アルカリカラー剤には含まれていない「過酸化塩(過硫酸塩)」を配合しているんです。そのため、アルカリカラー剤よりもメラニンを分解しやすく、透明感のある仕上がりにすることができます。

● 解答。
答えは、

第6章

髪を美しく染めるために

ヘアカラーのしくみを知る②

カラーリングが一般的に行なわれている今、サロンワークでは既染毛に対して
より質の高い施術が求められるようになっています。それは「毛髪のダメージ」
を考慮したカラーリングが必須ということです。そこで第6章では、既染毛をカ
ラーリングする際に必要となる毛髪科学の知識を中心に学びます。

ヘアカラーの毛髪科学

サロンワーク発想で学ぶ 第6章のトピックス

お客さまとの会話をきっかけに生じる、ふとした疑問を、毛髪科学の観点から解決。
第5章に引き続き、ヘアカラーの毛髪科学について学びます。

STEP.4
⇩
p.104へ

褪色・変色を引き起こす要因とは？

ヘアカラーした髪の色が持続できない理由を知ろう。

STEP.1
⇩
p.96へ

傷んだ髪を染めるときの注意点は？

ダメージが蓄積した髪にカラーリングする場合の注意点を知ろう。

STEP.5
⇩
p.106へ

ホームカラーとサロンカラーの違いとは？

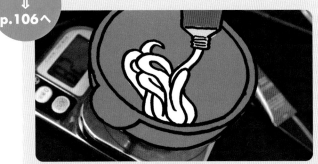

ホームカラー剤とサロンで使うヘアカラー剤について、それぞれのメリット・デメリットを知ろう。

STEP.2
⇩
p.98へ

プレ処理剤とカラーリングの関係とは？

処理剤を使うことでどのような効果が得られるのかを知ろう。

ヘアカラーをするとツヤが出るのはなぜか？

STEP.3
⇩
p.102へ

ヘアカラーと髪のツヤとの関係を知ろう。

カラーリングに
必要な
色彩知識

ねらい通りの色を出すために、色彩のメカニズムを知ろう！

ヘアカラーに役立つ毛髪科学を学ぶ前に、まずは準備体操！
ここでは、色彩のメカニズムを知ることから毛髪科学の扉を開いてみましょう。

必須知識！色の3属性

私たちの身のまわりには、無数の色が存在する。そうした色は、3つの属性（性質や特徴）に分けて考えることができる。まず、赤みや黄み、青みなどの"色相"の違い。次に、明るい、暗いを示す"明度"の違い。そして、色の鮮やかさの度合いである"彩度"の違いがある。

色相

明度　低　　　　　　　　　　　　　　高

彩度　低　　　　　　　　　　　　　　高

同じ色相でもトーンで違う色に！

トーンとは、明度と彩度をひとつにまとめた属性のことで"色の調子"とも言う。髪の明度をトーンと呼ぶケースが見られるが、ここでは色彩学的なトーンについて解説する。下の図は、明度と彩度の関係による色の変化を示したもの。明度が高く彩度が低いと「薄い色」になり、明度が低く彩度が高いと「濃い色」、明度が中間で彩度が高いとビビッドになる。たとえば、同じ「赤」という色相であっても、お客さまのイメージしている「赤」と美容師のイメージしている「赤」とでトーンが異なる場合があるため、その赤の調子、つまりトーンを意識しながらカウンセリングすることが大切となる。現在サロンで使われるアルカリカラー剤は、さまざまなトーン表現ができるよう、豊富な色数が展開されている。

色相環で一目瞭然！補色の関係

人の目が視認できる色みを、円状にならべたものを色相環と呼ぶ。この色相環を知っていると「補色」の関係が一目瞭然となる。補色とは、色相環上で正反対に位置する色同士のこと。補色の関係にある色同士は、最もコントラストが強く、互いの色を強く引き立て合う性質を持つ。そして、そんな補色同士を混ぜ合わせると、灰色などの無彩色がつくられる。
ヘアカラーにおいては、色相環と補色の関係を知っておくことで、髪のアンダートーンや残留ティントを踏まえたカラーチェンジが、スムーズに行なえるようになる。

<トーン分類>

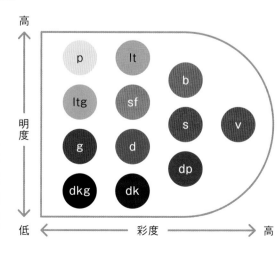

トーンの名前
p－ペール／ltg－
ライトグレイッシュ
／g－グレイッシュ
／dkg－ダークグ
レイッシュ／lt－
ライト／sf－ソフ
ト／d－ダル／dk
－ダーク／b－ブ
ライト／s－ストロ
ング／dp－ディー
プ／v－ビビッド

<色相環>

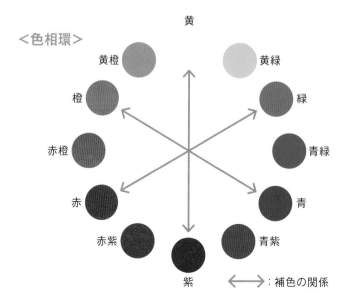

ダメージ毛へのカラーリング

ダメージ毛にカラーリングするとどのような現象が起こるの？

老若男女問わず、髪を繰り返し染めることが一般的になった今、サロンでは既染毛にカラーリングする機会が増えています。
既染毛にはダメージが蓄積しているため、健康毛に施術する場合と異なる現象が起こることを知っておきましょう。

それに髪が傷んでいると、色持ちが悪くなる気がするのよね。どうしてかしら？

ダメージの蓄積した髪が褪色しやすい理由を知りたくなったメリーさんなのである。

理由は説明できないけれど、確かに、ダメージ毛だと褪色しやすいんだよな。

3 POINT

アッシュ系のヘアカラーにしたいな。

はい、かしこまりました。

カウンセリングで、お客さまの希望色を確認するメリーさん。

ヘアカラー剤がきれいに発色するように調整しながら染めるのでご安心ください。

髪の損傷を考慮したカラーリングをお客さまに誓うメリーさん。

POINT 1〜2

でもこんなに髪が傷んでいても、きれいに染まるのかしら？

❶

❷

こんなときに知っておきたい知識はコレだ！

POINT ① ダメージレベルによる発色の違い

POINT ② 「吸い込み」と「染着不良」のメカニズム

POINT ③ ダメージしていると褪色しやすい理由

POINT ① ダメージレベルによる発色の違い

ダメージの程度により、毛髪に染料が入り過ぎて仕上がりの明度が低くなるケースや、反対に、染料が毛髪内にとどまることができず染まりにくくなるケースがある。

右の写真は、同条件下で、ダメージレベルのみ異なる毛束を、ブラウン系、アッシュ系、レッド系薬剤で染毛した毛束写真。ダメージレベル1や2では良好に発色しているのに対し、ダメージレベル4では色が入り過ぎて明度が下がる「吸い込み」が、ダメージレベル5では「染着不良」が起きていることがわかる。

＜ダメージレベル別の染毛実験＞

ダメージレベル1　ダメージレベル2　ダメージレベル4　ダメージレベル5

ブラウン系8レベル

アッシュ系8レベル

レッド8レベル

ダメージレベル4で「吸い込み」が、5で「染着不良」が起きている。

染料が入り過ぎても入らな過ぎてもダメ。技術者の腕の見せ所です。

POINT ③ ダメージしていると褪色しやすい理由

ダメージレベル4や5の毛束は、キューティクルがはがれ、コルテックスの空洞化も進んでいるため、染料が毛髪内部にとどまりにくく、結果、褪色しやすくなる。褪色を防ぐには、PPTやセラミドなどで、施術前に髪をプレ処理しておくことが大切。

CHECK! 覚えておこう

ダメージレベル4では「吸い込み」が、ダメージレベル5で「染着不良」が起きやすくなる。また、ダメージレベルが高くなるほど褪色しやすくなることを覚えておこう。

毛髪診断とプレ処理をしっかり行なおう!

POINT ② 「吸い込み」と「染着不良」のメカニズム

色が濃く入り過ぎて明度が下がる「吸い込み」は、本来は疎水性である毛髪が親水性（水分となじみやすい性質）に傾くこと、キューティクルの欠損、コルテックス部位の流失などにより、水溶性である染料が毛髪内部に浸透しやすくなるために起こる。

染料が髪に入らない「染着不良」は、毛髪内部の成分がほとんど流出し、染料のとどまる場所がなくなっていることが原因。

ダメージがすすんだ髪を
きれいに染めるためには?

次に、「吸い込み」や「染着不良」を起こすほどダメージが蓄積した髪を、
きれいに染めるために必要となるプレ処理剤の効果について学びましょう。

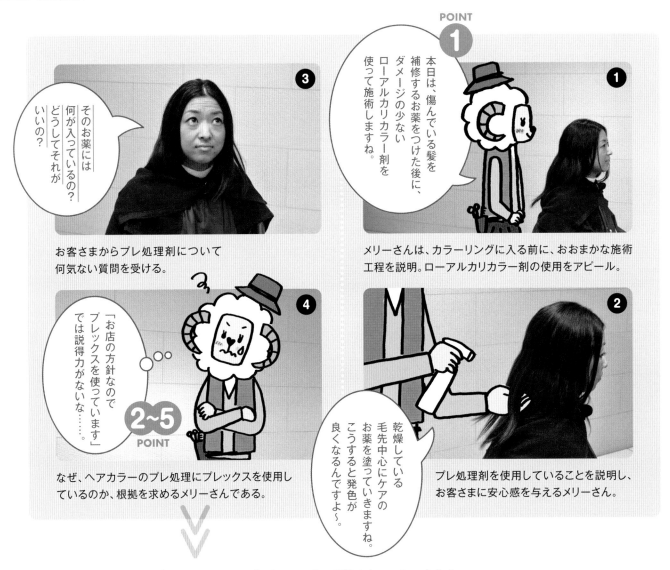

③ お客さまからプレ処理剤について何気ない質問を受ける。

その お薬には 何が入っているの? どうしてそれが いいの?

① メリーさんは、カラーリングに入る前に、おおまかな施術工程を説明。ローアルカリカラー剤の使用をアピール。

本日は、傷んでいる髪を補修するお薬をつけた後に、ダメージの少ないローアルカリカラー剤を使って施術しますね。

④ なぜ、ヘアカラーのプレ処理にプレックスを使用しているのか、根拠を求めるメリーさんである。

「お店の方針なので プレックスを使っています」では説得力がないな……。

2～5 POINT

② プレ処理剤を使用していることを説明し、お客さまに安心感を与えるメリーさん。

乾燥している 毛先中心にケアの お薬を塗っていきますね。 こうすると発色が 良くなるんですよ～。

こんなときに知っておきたい知識はコレだ!

POINT ① ダメージレベルによるヘアカラー剤の使い分け

POINT ② プレ処理剤の種類　**POINT ③** ブリーチの処理剤は?

POINT ④ プレックス剤とは?　**POINT ⑤** ブリーチ後の処理は?

POINT 1 ダメージレベルによる ヘアカラー剤の使い分け

薬剤に含まれるアルカリは、髪をダメージさせる大きな要因。既染毛のダメージを進行させたくなければ、アルカリ含有量の少ないローアルカリカラー剤の使用が好ましい。ダメージレベル3以上であれば、ローアルカリカラー剤の使用を検討しよう。

＜ダメージとヘアカラー剤＞

	ダメージ レベル 1	ダメージ レベル 2	ダメージ レベル 3	ダメージ レベル 4	ダメージ レベル 5
ヘア カラー剤の 選定	アルカリカラー剤	アルカリカラー剤	アルカリカラー剤		
			ローアルカリカラー剤	ローアルカリカラー剤	ローアルカリカラー剤

POINT 2 プレ処理剤の種類

プレ処理剤のタイプと、それぞれの効果を知るために、ここでは、ダメージレベルの違う毛髪にさまざまなプレ処理剤を使用した際の染まり上がり（発色度合い）を比較した実験結果を紹介する。下図が、実験結果をグラフ化したものだ。プレ処理なしの場合は、ダメージレベル3〜4になると、「吸い込み」が発生して明度が下がってしまうことがわかった。そして5まで進むとほとんど染まらない。

そういった現象を防ぐためには、適切なプレ処理を施すことが肝心。グラフからわかるように、プレ処理を行なうことで、「吸い込み」と「染着不良」を防ぐことができる。傷んだ髪を内側から補修するPPT系（PPTとはタンパク質を小さくした成分）や、髪に油分を与えてツヤを出すCMC系、髪に潤いを与えて保持するNMF系を、髪の状態に合わせて使い分けよう。

＜プレ処理剤のカラーへの影響＞

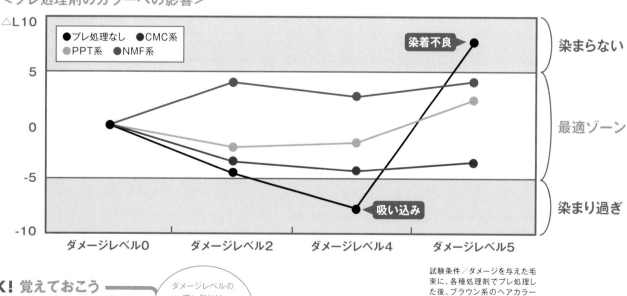

試験条件／ダメージを与えた毛束に、各種処理剤でプレ処理した後、ブラウン系のヘアカラーを施術。ダメージレベル0の毛髪に施術した色を基準に各毛束の染着性を比較した。

CHECK! 覚えておこう
PPT系を軸に、CMC系やNMF系を必要に応じて併用しよう。

ダメージレベルの高い髪にはプレ処理剤が必須！ 特にPPTは効果的！

POINT ③ ブリーチの処理剤は?

第5章で学んだ通り、ブリーチはアルカリカラー剤よりも酸化剤の配合種類が多いため、毛髪強度を大きく損なう。また、その酸化剤などが毛髪に残留することで、直後のヘアカラーの発色にも悪影響を与えてしまう。

そのため、ブリーチダメージに合わせて、毛髪の強度を維持するプレ処理剤「プレックス剤」や、ブリーチ後の残留成分を除去するアフター処理剤を活用することが重要。ヘアカラーの仕上がりの質をより高めることができる。

ブリーチ施術時は……
- プレ処理剤(プレックス剤)で毛髪強度を維持する
- アフター処理剤で残留成分を除去することが大切!

POINT ④ プレックス剤とは?

プレックス剤とは、酒石酸・マレイン酸などの、「カルボン酸」を含む処理剤のこと。

ブリーチの過剰酸化によるダメージが発生すると、毛髪の内部と表面には、それぞれシステイン酸が生成される。プレックス処理剤は、ブリーチ剤の反応中に同時に使用されることで、その現象を抑え、ダメージの発生・毛髪強度の低下を緩和する役割を持つ。そのため、近年はブリーチ施術時にプレックス処理剤をセットで使うことが多い。

ブリーチの過剰酸化によるダメージが発生すると……

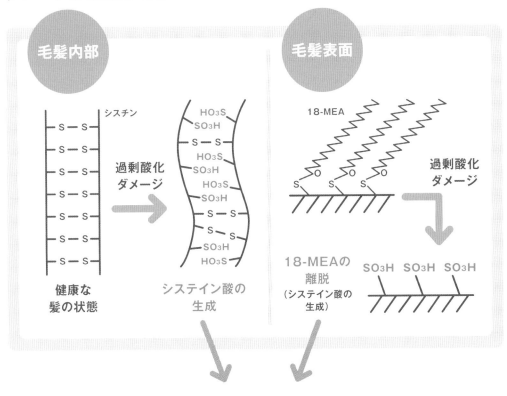

健康な髪の状態 → システイン酸の生成

18-MEAの離脱(システイン酸の生成)

システイン酸がダメージ&毛髪強度低下の原因に!

そこで……

ブリーチ剤 ＋ プレックス剤

ブリーチ剤とプレックス剤をセットで使って過剰酸化のダメージを防ぐ

> プレックス剤がダメージ要因の発生を抑えてくれる!

CHECK! 覚えておこう

ブリーチによる毛髪強度の低下の原因を知り、プレックス剤を使いこなしてみよう。

⑤ ブリーチ後の処理は？

ブリーチ後の毛髪には、ブリーチに含まれる酸化物の残留と、アルカリ成分によるpHの上昇が起きており、一時的にヘアカラーの発色には悪条件となっている。

そのため、CMC・PPT・NMFなどの流出した成分を補給することとは別に、クエン酸やレブリン酸などアルカリキャンセル能力を持つ酸（プレックス成分を含む）や、酸化物をキャンセルする抗酸化成分を用いることで、これらのヘアカラーの化学的な悪条件を除去することが重要。

最適なアフター処理をすることで、より美しい発色が期待できる。

ブリーチ処理後の毛髪残留成分

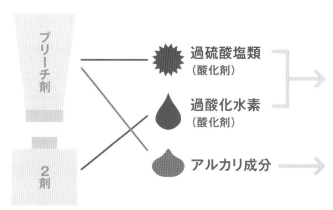

過硫酸塩類（酸化剤）
過酸化水素（酸化剤）

強力な酸化剤のため、残留しているとヘアカラーの染料を分解したり、予想外の重合反応を起こしたりして、染着に悪影響を及ぼす。

アルカリ成分

毛髪のpHが過度に高くなることで、染料が過剰に付着したり、逆に付着性が落ちたりして、発色のバランスを崩す。

ブリーチ処理後の毛髪の状態

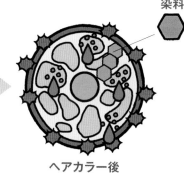

染料

未処理毛の断面

ブリーチ後
残留物が毛髪表面・内部に存在。アルカリ成分により毛髪のpHが上昇する。

ヘアカラー後
染料が過度に発色・分解を受け、本来の発色ができない（色にごり・薄染まり）。

アフター処理剤に含まれる成分例

● **抗酸化成分**…アスコルビン酸、亜硫酸など残留酸化物を除去する
● **pH調整剤**…クエン酸、レブリン酸など残留アルカリ成分をキャンセルする
● **界面活性剤**…毛髪内の残留物を物理的に排出する

処理剤には、それぞれ異なる役割がある！

CHECK! 覚えておこう

薬剤によって受ける影響に合わせた処理剤（プレックス）と毛髪の状態に合わせた処理剤（PPT、CMC、NMF）を使い分けたり、併用したりしよう！

毛髪の状態や薬剤の成分に合わせた処理をすることできれいなヘアカラーができるのね。

ヘアカラーでツヤが出るメカニズム
カラーリングすると
どうしてツヤが出るの?

カラーリングすると、施術前に比べてツヤが出たり、手触りが良くなったりする場合があります。
髪に負荷をかけているはずなのになぜでしょうか。そのメカニズムを解説します。

先輩!ヘアカラー成功しました。ツヤが出て手触り感も抜群です。

よかったな〜メリー。ところで、どうしてヘアカラーでツヤや手触りが良くなるかわかるか〜?

③

先輩から新しい課題を与えられたメリーさんなのである。

② POINT

うわ〜、ありがとう!きれいに染まったわ!

うふふ。喜んでいただけて光栄です。

①

ヘアカラーがきれいに仕上がり、お客さまの笑顔がはじけた。

うん!今日はきれいに染められたわ!髪もツヤツヤになったし〜。

②

POINT ①

お客さまをお見送りしながら、心の中でガッツポーズを決めるメリーさん。

こんなときに知っておきたい知識はコレだ!

POINT ① なぜカラーリングでツヤが出るのか

POINT ② なぜカラーリングで手触りが良くなるのか

なぜカラーリングでツヤが出るのか

髪のツヤは、髪に光が反射することで出る。そして、髪の状態でその見え方が変わる。毛髪に当たった光には、毛髪表面で反射するものと、毛髪内部を透過して反射するものと2つあり、この2種類の光が合わさったものがツヤとして認識されているのだ。

既染毛は、毛髪表面のキューティクルだけでなく、毛髪内部のコルテックスもダメージを受けている。そのため、毛髪表面で光が乱反射すると、同時に毛髪内部でも光が乱反射してしまうので、ツヤが悪くなる（図1）。

ただ、ヘアカラー剤には毛髪補修成分としてキューティクルやコルテックスのダメージを修復する成分が配合されているため、毛髪の表面や内部が整い、乱反射が正反射に変わり、ツヤが良くなる（図2）。

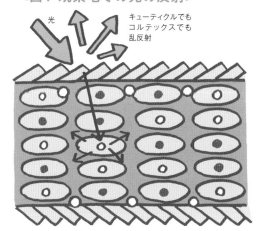

＜図1 既染毛での光の反射＞

光

キューティクルでも
コルテックスでも
乱反射

＜図2 ヘアカラー施術後の光の反射＞　　**＜図3 新生毛の光の反射＞**

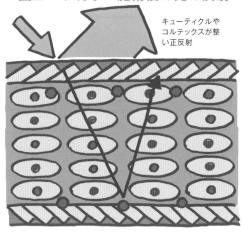

キューティクルや
コルテックスが整
い正反射

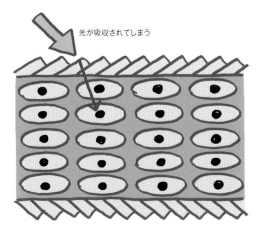

光が吸収されてしまう

新生毛の場合は、毛髪にダメージがないか、あっても少ないため、正反射を起こす。しかし、毛髪が黒いため、光が吸収されてしまい、ツヤを感じにくくなってしまう。

POINT
2

なぜカラーリングで手触りが良くなるのか

ヘアカラー剤に含まれる毛髪補修成分が、キューティクルやコルテックスのダメージを修復するため、ヘアカラー施術によって手触りも良くなることがある。

進化した
ヘアカラー剤は
トリートメント効果も
期待できる！

CHECK！ 覚えておこう

ヘアカラー剤に含まれる補修成分が、毛髪表面と毛髪内部のダメージを同時に修復することで、光が正反射するよう毛髪の状態を整えるため、ツヤや手触りが良くなる。

キューティクルの補修成分
▼
「分岐脂肪酸」

キューティクルのすきまに入り込み、毛髪を疎水性にしてダメージを修復する。

コルテックスの補修成分
▼
**「コレステロール誘導体」＆
「セラミド」**

コルテックスの空洞を埋め、バリア機能や水分保持機能を高め、ダメージを修復する。

カラーリングしたのに色が変わるのはなぜ?

カラーリングして数日が経つと、もともとの色みが薄くなっていきます。いわゆる褪色と呼ばれる現象です。
ここでは、カラーリングしたのに色落ちしたり、変色したりするさまざまな要因について解説します。

③ よかったな〜。でもヘアカラーは褪色することを忘れてはいけないよ。どんな条件で褪色しやすいか知っているか?

う〜ん。わからないです。勉強しておきます〜。

褪色を促す要因について先輩に聞かれて答えられないメリーさん。

1~3 POINT

① 今日のヘアカラーは最高の出来だったなぁ。

ヘアカラーの成功を思い出してニヤけるメリーさん。

④ ふぇ〜。あんなにきれいにカラーリングできたのに、やっぱり色が変わってしまったよ〜。どうしてだ〜!

2カ月後…

どのような要因で髪色が褪色するのか、メリーさんは知りたくなったのだった。

② おいメリー。なにをニヤけているんだ?

今日施術したお客さまの仕上がりがばっちりだったなって。

ニヤけているところを目撃されてメリーさんは少し恥ずかしそう。

こんなときに知っておきたい知識はコレだ!

POINT ① 髪色の褪色と使用する水のpHとの関係

POINT ② 色みによって異なる褪色の傾向

POINT ③ 熱で色が変わる

POINT ① 髪色の褪色と使用する水のpHとの関係

カラーリング後、毛髪内部にとどまっていた染料が、キューティクルのすきまから流れ出ていくことを「褪色」という。通常は閉じていて、毛髪内部の染料の流出を防いでいるキューティクルが膨潤して開くと、染料が外に出やすい状況となる。髪を膨潤させるのは、アルカリ。つまり、アルカリ性の水をヘアカラー毛に使用すると、褪色しやすくなるということだ。反対に、酸性の水を使用すると、キューティクルが収れんして閉じるので、染料が外に出にくい状況となる。

ところが、右の毛束実験の結果では、褪色しにくいと考えられた酸性の水溶液に浸けた毛束の色が大きく変わってしまった。これは、毛束から染料が落ちたわけではなく、色そのものが変わってしまう「変色」が起こったと考えられる。つまり、酸性の水は、褪色を遅らせるには効果的だが、変色のリスクが高まるということ。

<褪色試験による褪色と変色>

		褪色試験前の毛束の色	アルカリ性水溶液	中性水溶液	酸性水溶液
レッド系8レベル	褪色毛束				
	褪色試験後の水溶液の色				

8レベルのレッド系で染めた白毛束を、アルカリ性、中性、酸性の水溶液に浸け込み、褪色試験を行なった。

実験で水溶液に染料が溶けだしているのがわかるかな？

POINT ③ 熱で色が変わる

カラーリングされた毛束は熱によっても変色が起こる。これは、熱によって毛髪内にとどまっていた染料の分子が壊されるためである。変色は温度が高くなるほど激しくなり、同じ温度の場合は、時間が長くなるほど進む。アイロンによるスタイリング時には注意が必要だ。

褪色を考慮したヘアカラーデザインの提案が欠かせないね！

CHECK! 覚えておこう

キューティクルのすきまから染料が流れ落ちると「褪色」が起こり、pHが酸性に傾いたり熱が加えられたりすると染料が「変色」する。

POINT ② 色みによって異なる褪色の傾向

褪色の要因は、毎日のシャンプーやトリートメント、そして紫外線。特にシャンプーやトリートメントは、回数が増えるに従い、毛髪内に残存する染料を減らしていく。ただ、ブラウン系の色みは、シャンプーやトリートメントの回数が増えても毛髪内部にとどまる色素が多い。その一方、アッシュ系は少なくなりやすい。ブラウン系の色素は分子が大きくキューティクルから流れ出にくいが、アッシュ系の色素は分子が小さいために流れ出やすいので、そうした褪色の違いが生じるわけだ。なお色みごとの褪色の傾向は下記の通り。

● ブラウン系…色調は淡くなるが、色みは変わらない
● カッパー系…鮮やかさが失われ、ブラウンに変わっていく
● アッシュ系…青みがなくなり、グレーに変わっていく

ホームカラー剤

ホームカラーと
サロンカラーはどう違うの?

コンビニエンスストアやドラッグストアでは、数多くのヘアカラー剤が販売されています。
これらホームカラー剤と、サロンで使用するヘアカラー剤にはどのような違いがあるのか学びましょう。

POINT 1 この色とあの色を足したらねらった色を出せるぞ!

1剤を混ぜてねらった色を出そうとするメリーさん。

POINT 3 毎回、ホームカラーでは絶対に出せない色をつくってくれるよね。さすがメリーさん。

POINT 2 ホームカラーとサロンでするカラーは全然色数が違うんですよ〜。

サロンカラーの利点を強調するメリーさんである。

いつもありがとう♪

POINT 2 今日はお客さまのためにスペシャルな色を用意していますからね。楽しみにしていてください!

お客さま1人ひとりに特別なヘアカラーで髪を染めることを大切にしているメリーさん。

POINT 3〜4 ホームカラー剤って、他にどんなところがサロンで使うカラー剤と違うんだろう。

メリーさんは、ホームカラー剤とサロンカラー剤の違いについてふと疑問に思った。

こんなときに知っておきたい知識はコレだ!

POINT ① 施術者の違い　**POINT ②** 色数・色調の違い

POINT ③ 容器・道具の違い　**POINT ④** アルカリの違い

106

POINT ③ 容器・道具の違い

サロンで使われるアルカリカラー剤のほとんどが、1剤はアルミチューブ、2剤はボトルという形式。この2つを美容師が混ぜ合わせて使用する。ホームカラー剤はブラシつきのタイプやエアゾール式で、1剤と2剤が同時に出るものなど、お客さま自身が使いやすいように設計されている。ホームカラー剤はその設計上、色数の豊富さよりも、自分で染めても失敗しないことが重要なのである。

POINT ① 施術者の違い

ホームカラーとサロンカラーの最大の違いは「施術者」である。ホームカラーは施術者が「お客さま自身」であるのに対し、サロンカラーは「理美容師」となる。お客さま自身でも失敗せずに、きれいに染められるような処方になっているのがホームカラー剤。一方、プロの技術が最大限発揮でき、最高の仕上がりを得られるように設計されているのがサロン用ヘアカラー剤である。

ホームカラー

VS

サロンカラー

POINT ④ アルカリの違い

サロンで使われるアルカリカラー剤では、揮発しやすいアンモニア水が1剤のアルカリ剤として使われるケースが多い。
ホームカラー剤では、アンモニアの刺激臭が嫌われるため、1剤にはモノエタノールアミンといった、揮発しにくいアルカリが多用されている。
しかしこれら揮発しにくいアルカリは、刺激臭が少ない反面、毛髪に残留してダメージを与え続けるといったデメリットがある。

POINT ② 色数・色調の違い

サロンで使用されるアルカリカラー剤には、非常に多くの色数（50〜200色）がラインアップされている。その色調はくすんだような色から鮮やかなものまで実に幅広い。
ホームカラー剤は、限られた色数（5〜20色）のラインアップが一般的。その色調はムラになりにくい、くすみのあるものが中心だ。

CHECK！ 覚えておこう

ホームカラーとサロンカラーの最大の違いは施術者。お客さま自身か美容師か、それぞれ施術者が使いやすいように設計されている。

ホームカラーでは出せない、プロならではのヘアカラーデザインを提案して、サロンカラーの価値を高めよう！

カラーの疑問を解決！

今さら
聞けない！

Q ヘアカラー施術前の毛髪チェックで見るべきポイントは？

A 髪質、ダメージ、ヘアカラー履歴を確認する

最初のポイントは髪質の確認です。髪質によって染まり方が変わるからです。
- 染まりづらい髪質···太い・硬い、疎水性
- 染まりやすい髪質···細い・軟らかい、親水性

次のポイントは、ダメージの状態です。ダメージレベルを見誤ると「吸い込み」や「発色不良」が起こるため、的確な判断が必要となります。
最後のポイントは、ヘアカラー履歴・残留ティントの把握です。残留ティントにより色調の変化や明度の変化が起こることがあります。

Q 褪色しやすい色としにくい色があるのはどうして？

A 褪色しやすいのは染料の分子が小さいため

ヘアカラー剤は、それに含まれる染料（＝染料中間体やカップラー）が酸化重合することではじめて発色します。褪色しやすい色としにくい色があるのは、染料（染料中間体やカップラー）の結びつき方の違いによって決まります。
①［染料中間体＋カップラー］の形で酸化重合して発色
②［染料中間体＋カップラー＋染料中間体］の形で酸化重合して発色

①の場合は染料2つ分の大きさ、②の場合は染料3つ分の大きさになります（右図参照）。よって①は毛髪から流出しやすく褪色しやすい色で、赤色や青色が相当します。一方②は毛髪から流出しにくく褪色しにくい色で、茶系の色です。

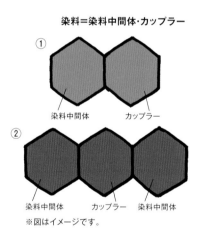

染料＝染料中間体・カップラー

①
染料中間体　　カップラー

②
染料中間体　カップラー　染料中間体

※図はイメージです。

Q トナーとは何ですか？ 色持ちするのでしょうか？

A トナーはニュアンスを変える技術。色持ちは1週間〜10日間

トナーとは、既染毛の主に中間から毛先にかけて少しだけ色を入れて髪色のニュアンスを変える技術のことです。シャンプーブースで濡らした髪にヘアカラー剤をもみ込み、5分程度で洗い流します。そのためキューティクルやコルテックスの浅い部分までしか染まらず、1週間から10日ぐらいしか持ちません。

ここでは、ヘアカラーに関するメリーさんの疑問を、
サイオンジ先生が、毛髪科学の観点から解決します。

Q 乳化すると髪にどんな効果があるの?

A 地肌の染料を洗い流し、色持ちを良くする

「乳化」の目的は2つあります。ひとつ目は、地肌についたヘアカラー剤を洗い流してきれいに取り除くことです。染料は、酸化重合して発色が進むと水に溶けにくくなり、水で洗っただけでは落ちません。しかし「乳化」で地肌をマッサージすると、薬剤の中に入っている界面活性剤の、親油基の部分が反応し、地肌についた酸化重合体をきれいに洗い落としてくれるのです。

ふたつ目の目的は、酸化重合体をしっかりと毛髪の中に留めることです。酸化重合体は「乳化」時のもみ込みによって、毛髪のより内部に入り込んでしっかり染着します。

損傷している毛髪では、毛髪内部のコルテックスに空洞ができていて、大きくなった染料（＝酸化重合体）が留まりにくくなっています。そのため、健康毛に比べて色の持ちが悪くなります。しかし「乳化」をすることによって、色がしっかりと定着するとともに、色持ちが良くなるのです。

ハイダメージ毛は、極端に染料が入り込みやすくなっているので、長時間「乳化」を行なうと「吸い込み」現象が起こり、暗くにごった発色になるので注意しましょう。

Q ヘアカラー剤によるトラブルにはどのようなものがある?

A 酸化染料などを抗原とするアレルギー性接触皮膚炎

アルカリカラー剤にはアルカリや酸などの刺激物が配合されているため、皮膚バリアが低下した頭皮や皮膚に触れると皮膚トラブルを起こすことがあります。また、アルカリカラー剤に含まれる酸化染料や、ブリーチ剤の過硫酸塩を抗原とするアレルギー性接触皮膚炎が発症し、重症化するケースも。お客さまがアレルギー反応を起こすか否かは見た目ではわかりません。必ず問診とパッチテストを実施しましょう。

第6章では、ダメージが蓄積した既染毛をカラーリングする場合の留意点や、褪色・変色などを中心に、ヘアカラーに必要な毛髪科学の知識を学びました。またホームカラー剤の特徴についても知識を深めることができました。これらの知識を基盤にして、プロならではのヘアカラーデザインをお客さまへ提案しましょう。

毛髪科学マスターへの道 復習テスト

第6章

下記の質問について答えてください。

● ホームカラー剤に使用されることの多いアルカリの名称とは何でしたか？

お客さまに聞かれたらこう答えよう！
【第6章／サロンワークで使えるスタンバイコメント集】

Q. どうしてヘアカラーで
ツヤや手触りが良くなるの？

ヘアカラー剤には、毛髪補修成分としてキューティクルやコルテックスのダメージを修復する成分が配合されています。そのため、手触りが良くなり、毛髪の表面や内部が修復され、光が正反射になってツヤが出ます。

Q. ヘアカラーが褪色するのはなぜ？

褪色の原因は、毎日のシャンプーやトリートメント、紫外線などです。特にシャンプーとトリートメントの回数が増えるに従い、毛髪内に残存する染料が減っていきます。そこで、ヘアカラーの褪色を抑えるシャンプーを当店ではご用意しております。

Q. サロンでヘアカラーをする
メリットって？

一番は、ホームカラーでは出せない、プロならではのヘアカラーデザインです。サロンのヘアカラーは色数や色調がホームカラーに比べて10倍以上あるんです。また、サロンカラーに比べホームカラーは染めた後も髪にダメージ成分が残留しやすいので、サロンでのヘアカラーをおすすめします。

Q. どうして処理剤を使うの？

ヘアカラーの仕上がりや色持ちをベストな状態にするために使っています。当店では、本日行なうブリーチにより、直後のヘアカラーの色が不安定にならないようにプレックス剤やアフター剤、今のお客さまの毛髪の状態に合わせたPPT処理剤などを併用したり、使い分けたりして、最高の仕上がりになるようご提案しています。

答えは、● モノエタノールアミン。

第7章

美しいカールを
導き出すために

パーマの
しくみを知る

パーマに使用する製品には、医薬部外品の「パーマ剤」と化粧品分類の「カーリング料」があり、その種類や使い方のバリエーションも豊富にあります。それぞれの特性を理解して使いこなせるよう、知識を確かなものにしていきましょう。

パーマの毛髪科学

サロンワーク発想で学ぶ 第7章のトピックス

お客さまとの会話をきっかけに生じた、ふとした疑問を解決していきます。
第7章は「パーマ」に役立つトピックスを取り上げます。

STEP.4 ⇩ p.121へ　2液の働きって何?

どうしてカールができるの?　**STEP.1 ⇩ p.114へ**

しっかり酸化を導く2液塗布の方法を知ろう。

パーマをかけると、髪が長期間クセづけられる理由を知ろう。

STEP.5 ⇩ p.124へ　ホット系パーマの特徴とは?

パーマ用製品に含まれる成分とは?　**STEP.2 ⇩ p.116へ**

熱を利用してパーマをかけるメリットを知ろう。

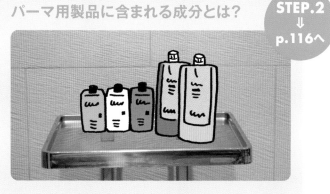

髪に作用する成分とはどのようなものかを知ろう。

STEP.6 ⇩ p.126へ　パーマの施術不良が生じやすいタイミングは?

中間水洗ってなぜするの?　**STEP.3 ⇩ p.118へ**

ダメージさせない方法を知ろう。

1液をつけた後に水洗することで、どのような効果が得られるかを知ろう。

現在の「パーマ」が登場するまでの歴史

パーマの起源は紀元前3000年!?

パーマに役立つ毛髪科学を学ぶ前に準備体操！現在のパーマ用製品の種類と、
パーマが生まれるまでの歴史を知ることから、毛髪科学の扉を開いてみましょう。

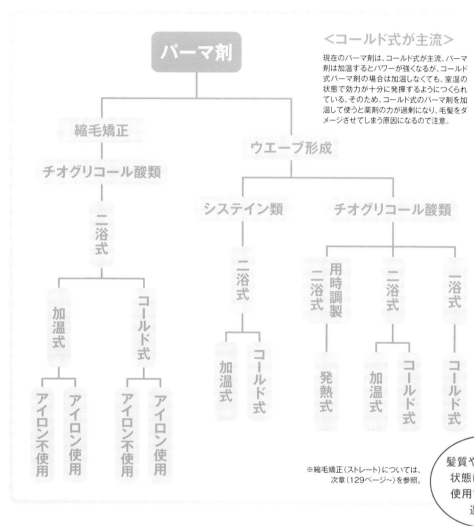

<コールド式が主流>

現在のパーマ剤は、コールド式が主流。パーマ剤は加温するとパワーが強くなるが、コールド式パーマ剤の場合は加温しなくても、室温の状態で効力が十分に発揮するようにつくられている。そのため、コールド式のパーマ剤を加温して使うと薬剤の力が過剰になり、毛髪をダメージさせてしまう原因になるので注意。

※縮毛矯正（ストレート）については、次章（129ページ〜）を参照。

今は、どんなパーマ用製品があるの？

パーマ用の製品には、「パーマ剤」と「カーリング料」がある。パーマ剤は薬機法上「パーマネント・ウェーブ用剤」と呼ばれ、「医薬品」と「化粧品」の中間に位置づけられる「医薬部外品」に該当する。パーマ剤は、有効成分や用法により、左の図のように10種類に分類される。一方、カーリング料は「化粧品」であり、それぞれに特徴的な還元作用のある多様な成分を配合できる（117ページ／POINT②を参照）。

パーマ用製品
医薬部外品 パーマ剤　化粧品 カーリング料

髪質やダメージの状態に合わせて使用する薬剤を選ぼう！

パーマのルーツを知ろう

歴史上に登場するパーマ技術のルーツをたどると、紀元前3000年ころまでさかのぼることができる。髪にロッドを巻く代わりに、木の枝を髪に巻き、泥でパックしていた。パーマネント・ウエーブが登場するのは、1872年にパリの髪結師、マルセル・グラトーが考案したヘアアイロン式パーマ（マルセルウエーブ）。熱したコテ（アイロン）を使って髪をクセづけるもので、髪が濡れたらもとに戻ってしまっていた。それに対して、1905年にイギリスの理髪師、ネッスラーがアルカリと電熱器を利用したウエーブ法を発明し、1908年、特許を取得。これが現在のパーマの原点と言えるもの。その後、1936年にチオグリコール酸の化学反応を人毛ケラチンに応用した技法が開発され、現在のコールド式パーマの原型ができた。

<パーマの歴史の変遷>

年代	名称	おもな使用物
紀元前3000年	―	木の枝、泥
1872年	マルセルウエーブ	熱した棒
1905年	ネッスルウエーブ（電髪）	アルカリ、電熱器
1936年	コールド式パーマ	チオグリコール酸

カールができるメカニズム

なぜ髪に カールをつけられるの?

まず、髪にカールができるメカニズムを紹介します。
パーマ用製品がどのように髪に作用するのかを知り、サロンワークに生かしましょう。

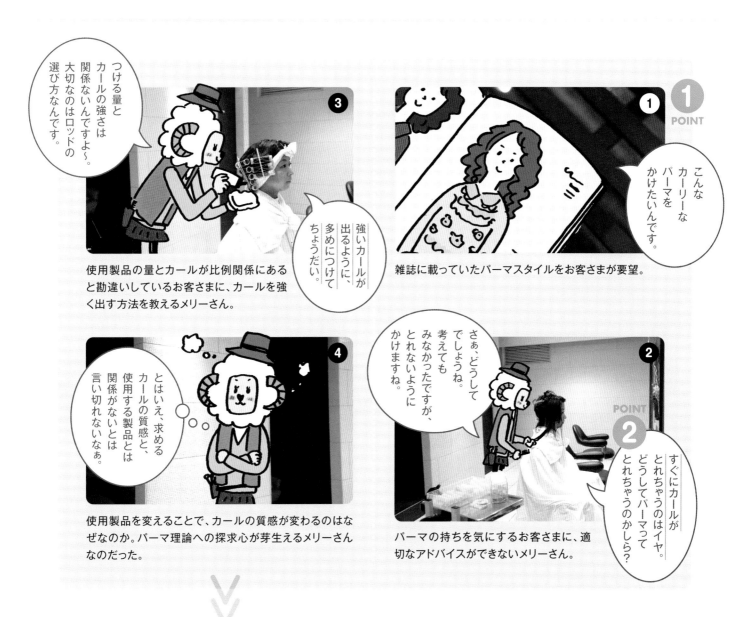

つける量とカールの強さは関係ないんですよ〜。大切なのはロッドの選び方なんです。

③ 強いカールが出るように、多めにつけてちょうだい。

使用製品の量とカールが比例関係にあると勘違いしているお客さまに、カールを強く出す方法を教えるメリーさん。

① こんなカーリーなパーマをかけたいんです。

雑誌に載っていたパーマスタイルをお客さまが要望。

とはいえ、求めるカールの質感と、使用する製品とは関係がないとは言い切れないなあ。

④ 使用製品を変えることで、カールの質感が変わるのはなぜなのか。パーマ理論への探求心が芽生えるメリーさんなのだった。

さぁ、どうしてでしょうね。考えてもみなかったですが、とれないようにかけますね。

すぐにカールがとれちゃうのはイヤ。どうしてパーマってとれちゃうのかしら?

② パーマの持ちを気にするお客さまに、適切なアドバイスができないメリーさん。

こんなときに知っておきたい知識はコレだ!

POINT
① カールができる基本

POINT
② カールはなぜダレるのか?

カールができる基本

毛髪はアミノ酸の集合体で形成されている。そしてアミノ酸同士は、ペプチド結合による主鎖と、シスチン結合、塩結合、水素結合による側鎖でつながっている。パーマとは、主に側鎖に作用し、結合を解いて、毛髪の形状を変え、再結合させる営み。ここではパーマのプロセスとメカニズムを順番に見てみよう。

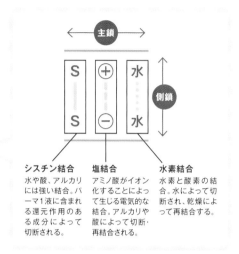

シスチン結合
水や酸、アルカリには強い結合。パーマ1液に含まれる還元作用のある成分によって切断される。

塩結合
アミノ酸がイオン化することによって生じる電気的な結合。アルカリや酸によって切断・再結合される。

水素結合
水素と酸素の結合。水によって切断され、乾燥によって再結合する。

施術前

毛髪内が
安定した状態。

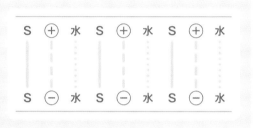

ウエット＋ワインディング

ウエットになることで「水素結合」が切断される。そして、ワインディングにより毛髪が曲がり、その他の結合にひずみが生まれる。

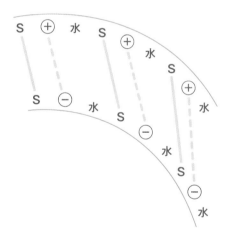

1液塗布後

パーマの1液に含まれる「還元作用のある成分」によって「シスチン結合」が切断され、また、アルカリによって「塩結合」が切断される。

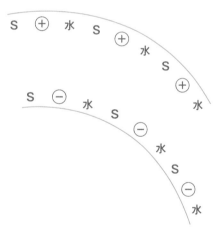

2液塗布＋ドライ

ワインディングによって元の位置からずれた各種結合が、パーマの2液に含まれる「酸化作用のある成分」によって再結合し、カールが形成される。

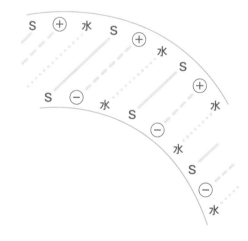

カールはなぜダレるのか？

カールがダレる理由は大きくわけて4つ。①日々のシャンプー・ドライの繰り返しによって、水素結合・塩結合の切断と組み換えが進行し、髪がもとの形に近づこうとする。②シスチン結合でカールの状態は固定されているが、パーマをかけた際にキューティクルやコルテックスにゆがみが生じており、もとに戻ろうとする力が働いている。③日々の生活で髪が受けるダメージなどで毛髪成分の流失が起こり、髪に弾力がなくなってくる。④パーマ施術時の2液による酸化（シスチン結合の再結合）が不完全だと、ダレはさらに加速する。

多種多様なパーマ用製品をどのように使い分ける？

現在、パーマ剤1剤とカーリング料1液はバリエーション豊富に出ています。
ここでは、その成分、特に還元作用のある成分の種類について知るとともに、使い分ける方法を学びましょう。

パーマ用製品に含まれる成分の違いについて知りたくなったメリーさん。

うちの店にもパーマ用製品は数種類あるけどどんな違いがあるのかな？

1液塗布後の放置タイムに、ふとした疑問を口にするお客さま。それに即答できないメリーさんだった。

パーマ用の製品ってどんな成分が入っているの？

こんなときに知っておきたい知識はコレだ！

POINT 1 還元作用のある成分の種類

POINT 2 パーマ剤1剤およびカーリング料1液の成分

医薬部外品（パーマ剤）の還元剤

チオグリコール酸
システイン（5種類）
● L-システイン
● 塩酸L-システイン
● DL-システイン
● 塩酸DL-システイン
● N-アセチル-L-システイン

化粧品（カーリング料）の還元成分

チオグリコール酸
システイン
システアミン
チオグリセリン
ラクトンチオール
チオグリコール酸グリセリン
亜硫酸塩（サルファイト）
など

POINT 1 還元作用のある成分の種類

パーマ用製品の1剤・1液に含まれる「還元作用のある成分」は、毛髪中のシスチン結合（S-S結合）を切断する重要な成分。まずは、その種類を見てみよう。

② パーマ剤1剤および カーリング料1液の成分

パーマ剤1剤とカーリング料1液に含まれる還元作用のある成分の種類と特徴を理解するとともに、その他の成分についても把握し、サロンワークに生かそう。

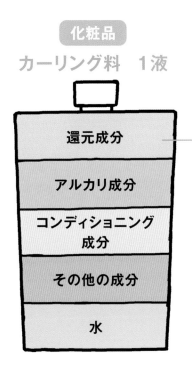

医薬部外品

パーマ剤 第1剤

- 還元剤
- アルカリ剤
- 安定剤
- その他の添加剤
- 溶剤

成分	特徴
チオ系…チオグリコール酸 シス系…システイン、アセチルシステイン、など	1剤の主な成分。毛髪のシスチン結合を切断（還元）する働きがある。 チオグリコール酸によるカール形成は、しっかりとしたリッジで、カリッとした感触になる。 システインによるカール形成では、なめらかなリッジで、しっとりとした感触になる。
アンモニア、モノエタノールアミン、2-アミノ-2-メチル-1-プロパノール（AMP）、炭酸水素アンモニウムなど	塩結合を切断し、またpHを調整する作用がある。各種還元剤により効力が最大となるpHはそれぞれ異なっているため、製品ごとに狙った作用となるよう調整されている。 アンモニアとモノエタノールアミンは作用が強い反面、アンモニアは臭いが強く、モノエタノールアミンは残留しやすい特徴がある。
キレート剤（エデト酸など）、酸化防止剤	キレート剤は、金属イオンの影響で還元剤が劣化するのを防ぐ。また、シス系のパーマでは、チオグリコール酸はシステインの劣化を防ぐために酸化防止剤としても用いられる。
反応調整剤、コンディショニング成分、抗炎症剤、界面活性剤、香料	チオ系パーマ剤の還元剤の過反応を防ぐために、反応調整剤としてジチオグリコール酸が配合されることがある。 コンディショニング成分はダメージから毛髪を保護し、パーマ後の毛髪の状態を整えるために配合される（PPT、油分、保湿成分、ポリマーなど）。 抗炎症剤は頭皮への刺激を緩和する。 界面活性剤は剤の浸透を向上させるとともに、他の成分と剤を混ざりやすくする。 香料はアルカリ剤と還元剤による不快臭をマスキングする。
精製水	1剤として必要な成分を全て溶かし、1剤の母体となる。

化粧品

カーリング料 1液

- 還元成分
- アルカリ成分
- コンディショニング成分
- その他の成分
- 水

成分	特徴
チオグリコール酸	【HS-CH2-COOH】 しっかりとしたリッジとカリッとした感触が特徴。ダメージは比較的大きいが、カーリング料に配合できるのはダメージへの影響が少ない2%未満。
システイン	【HS-CH2-CH（NH2）-COOH】 なめらかなリッジでやわらかな風合いのスタイルに向いている。しっとりとした感触でダメージ毛にも適している。
システアミン	【HS-CH2-CH2-NH2】 低pHでもしっかりしたリッジでくりんとしたカールに向いている。軽く、弾力のある感触になる。
チオグリセリン	【HS-CH2-CH（OH）-CH2OH】 均一で立体的なリッジが特徴。しっとりとした感触になるため、重くなりすぎることがある。
ラクトンチオール	【HS-C4H5O2】 酸性領域で十分な還元作用を持つため、酸性のカーリング料に配合される。カールはやわらかい感触。臭いが強い。
チオグリコール酸グリセリン（GMT）	【HS-CH2-COO-CH2-CH（OH）-CH2OH】 水に溶解すると分解されることで効力を発揮するため、用時調製で使用される。酸性領域でカールを形成。ややドライでコシのある感触になる。
亜硫酸塩（サルファイト）	【Na2SO3】 穏やかに作用する。やわらかな感触になる。

中間水洗は何のため？クリープって何？

パーマの1液塗布後、2液塗布の前に行なう中間水洗。
ひと手間かかるこのプロセスの目的と効果、そして「クリープ」について紹介します。

中間水洗のため、シャンプー台への移動を促すメリーさん。

お客さまの疑問に自信を持って答えられないメリーさんなのであった。

メリーさんは、中間水洗の効果について話す。

こんなときに知っておきたい知識はコレだ！

POINT
1 中間水洗の効果

POINT
2 クリープとは？

POINT
3 クリープ現象の実際

POINT ① 中間水洗の効果

「中間水洗」とは、パーマ1液のプロセスが終わり、2液を塗布する前に1液を洗い流す作業のこと。髪に1液が残ったままだと、還元作用のある成分や残留アルカリによって反応が進みすぎて毛髪を傷める場合があるが、1液を適切に洗い流すことで、こうしたダメージを抑えることができる。また、2液が1液と混ざると、作用が弱くなったり、逆に促進されたりすることがあるため、作用不良によるかかりムラの原因となる。1液をしっかり洗い流すことで、2液を十分に、かつ安定して作用させることができる。

〈 中間水洗なしの場合は、直後・2週間後ともにカールダレが見られる 〉

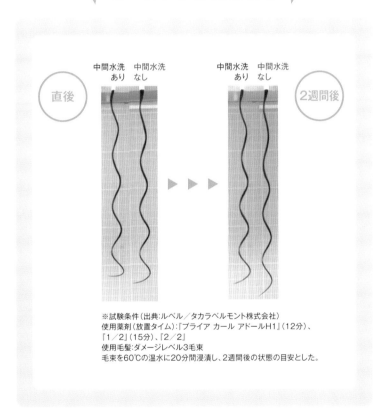

※試験条件（出典:ルベル／タカラベルモント株式会社）
使用薬剤（放置タイム）:『ブライア カール アドールH1』（12分）、
『1／2』（15分）、『2／2』
使用毛髪:ダメージレベル3毛束
毛束を60℃の温水に20分間浸漬し、2週間後の状態の目安とした。

POINT

中間水洗を成功させるために

① ロッド1本当たり5〜10秒流す。
② ロッドの表面・裏面を水洗する。
③ シャワーノズルの水圧は7〜8割程度にする。
④ 温度はぬるめ。

CHECK！ 覚えておこう
中間水洗はダメージを抑え、カールの持ちを良くする。

ロッド1本1本をていねいに水洗しよう！

POINT ② クリープとは？

クリープとは、中間水洗後に、毛髪の水分を保ちながら、低い温度（55℃以下）で加温する工程のこと。具体的には、
①ワインディングによって毛髪内に生じた内部構造のゆがみ、つまりストレスを、コルテックスを移動させることによって取り除く。
②還元時に毛髪内で発生するシステイン（＝毛髪内1液）の力によって、中間水洗後にもゆるやかな還元作用を持続させられる。
このため、クリープの工程を経ると、1液を必要以上に作用させることなくリッジや弾力を出せる。また、毛髪に残るゆがみも減るので、カールの持続性も高まる。

1液プロセス
▼
中間水洗
▼
クリープ
▼
2液プロセス

③ クリープ現象の実際

クリープ時に、毛髪内部ではどのような現象が
起こっているのか。イラストで見てみよう。

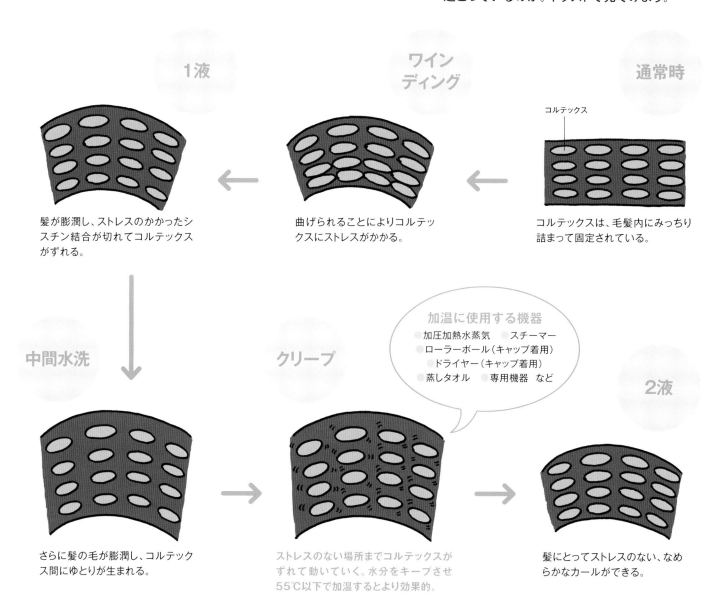

1液

髪が膨潤し、ストレスのかかったシ
スチン結合が切れてコルテックス
がずれる。

ワインディング

曲げられることによりコルテック
スにストレスがかかる。

通常時

コルテックス

コルテックスは、毛髪内にみっちり
詰まって固定されている。

中間水洗

さらに髪の毛が膨潤し、コルテック
ス間にゆとりが生まれる。

クリープ

ストレスのない場所までコルテックスが
ずれて動いていく。水分をキープさせ
55℃以下で加温するとより効果的。

加温に使用する機器
■加圧加熱水蒸気　■スチーマー
■ローラーボール（キャップ着用）
■ドライヤー（キャップ着用）
■蒸しタオル　■専用機器　など

2液

髪にとってストレスのない、なめ
らかなカールができる。

クリープで活躍する「毛髪内1液」

パーマ1液塗布により、毛髪に含まれる約3%のシス
チン結合が切れると、毛髪内部には還元作用の非常
にゆるやかな「毛髪内1液（還元作用のあるSH）」が
生じる。この「毛髪内1液」は、中間水洗でパーマ1液
を洗い流しクリープさせると働きはじめ、ストレスのか
かっているシスチン結合を切り、毛髪内をストレスの
ない状態へ導く。

$| S \text{---} S |$

▼ 1液塗布

$| SH \quad HS |$

シスチン結合が切れて生じるSH（＝シ
ステイン）には弱い還元作用がある。
これを「毛髪内1液」と呼ぶ。

＜メリット＞

● 根元にボリュームを出せる
● しっかりリッジが出る
● やわらかくプリっとした質感になる

＜デメリット＞

● 時間がかかる

※エアパーマで行なわれる「ガラス化」とは、クリープ後に55℃以下の風によって毛髪を乾燥させる工程（専用機器を使用）。毛髪内部・外部か
ら不要な水分を取って、コルテックスを固定しキューティクルをカール形状に沿って閉じさせる。ドライ状態のカールを記憶させられるので、ドラ
イ時に再現性のよいやわらかなカールが得られ、長持ちする（125ページ／POINT②参照）。

2液を塗布した髪には どのような変化がある?

シスチン結合を再結合させる酸化。この酸化について近年では新しい理論
「アルカリブロムによる酸化」が展開されています。実験結果とともに「完全酸化」について学びましょう。

あれ?また何かつけるのね。

お客さまは、2回目の2液塗布（完全酸化）を不思議に思っている様子。

さっきのとは違うものなんでしょう？どんな成分が入っているの？

2液の違いについて説明するメリーさん。

はい、違います。基本的には髪の毛を酸化させる成分なんですが、先ほどの製品がアルカリ性で、今回が酸性です。

はい。カールをさらに固めていくんです。

そもそもどうしてアルカリブロムと酸性ブロムの両方をつけるんだろう？どんな効果があるのかな？

アルカリブロムと酸性ブロムを両方つけるとどんな効果があるのか知りたくなったメリーさんなのである。

こんなときに知っておきたい知識はコレだ！

POINT ① パーマ剤2剤およびカーリング料2液の成分

POINT ② 過酸化水素と臭素酸ナトリウムの違い

POINT ③ 臭素酸ナトリウムの作用

POINT ① パーマ剤2剤および カーリング料2液の成分

パーマ剤2剤とカーリング料2液に含まれる成分の特徴をしっかり理解しておこう。

医薬部外品

パーマ剤　第2剤

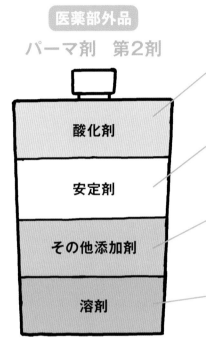

成分	特徴
過酸化水素（過水）臭素酸ナトリウム（ブロム）	1剤で還元され、切れた状態のシスチン結合をつなぎ合わせる（酸化する）働きをする。
キレート剤（エデト酸など）、pH調整剤（リン酸、クエン酸など）	キレート剤は、金属イオンの影響を防ぐ。pH調整剤は酸化剤を安定的に保つ。
コンディショニング成分、防腐剤、香料など	コンディショニング成分はパーマ後の毛髪の状態を整えるために配合される。油分、保湿成分、ポリマーなどがある。防腐剤は微生物による劣化を防ぐ。
精製水	2剤として必要な成分を全て溶かし、2剤の母体となる。

化粧品

カーリング料　2液

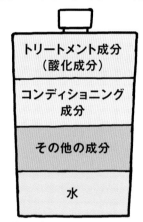

カーリング料2液は、カーリング料1液と組み合わせが可能な酸化成分配合のトリートメント。医薬部外品と最も異なることは、過酸化水素を配合できないこと。

POINT ② 過酸化水素と臭素酸ナトリウムの違い

2剤・2液に使用される2大酸化成分・過酸化水素と臭素酸ナトリウムには、仕上がりに違いがある。

- 過酸化水素＝ウエーブ保持力が高いが、弾力が少なくやや硬い仕上がり
- 臭素酸ナトリウム＝弾力があり、少しやわらかい仕上がり

この違いは主に、酸化力が異なるために生じると考えられる。

CAUTION! 注意!!

"過酸化水素と臭素酸ナトリウムを混ぜて、両方のいいとこどりをしよう……"といった考えは絶対にNG。これらを混ぜると有毒なガスが発生する。絶対に、混合して使用してはダメ!

<2大酸化成分の特徴>

酸化力が強いため化粧品での配合は禁止されている。

	過酸化水素（過水）	臭素酸ナトリウム（ブロム）	
酸化力	強い	弱い	
特性	アルカリ性サイドで活性化 放置時間5～8分	酸性サイドで活性化 放置時間15分（2度づけ）	

③ 臭素酸ナトリウムの作用

2液を内側まで
しみこませるための
工夫だよ。

従来、酸化（カール定着）成分であるブロム（臭素酸ナトリウム）は、pHが酸性状態にあるとパワーが強くなるため、一般的に酸性で使用される（酸性ブロム）。ところが近年の研究の結果、必ずしも酸性ブロムがカール定着に有効とは限らないことがわかってきた。ゆるやかに作用するアルカリ性で使用する（アルカリブロム）ことで、毛髪表面だけでなく、内側から酸化できることがわかったのだ。さらに、ロッドアウト・プレーンリンス後に、低濃度の酸性ブロムで処理すると、ほぼ完全に酸化できることがわかってきた。

酸化作用の強さ	アルカリブロム（pH9） ＜ 酸性ブロム（pH6）
カール定着	アルカリブロム（pH9） ＞ 酸性ブロム（pH6）

〈 人毛実験で酸化の様子を比べてみよう 〉

施術前

人毛（白髪）を使った実験。施術前の状態。

この実験では、ブロムが髪に浸透して作用すると、青色染料が薄くなる。つまり、青色染料が薄くなった部分は、しっかり酸化ができていることを示している。

中間水洗後

1液作用後に青色染料を浸透させた人毛（白髪）。1液でシスチン結合が開いた状態。

アルカリブロムで酸化

アルカリブロムを塗布した状態。アルカリブロムは、毛髪内部まで浸透するため、内側から青色染料が薄くなっている。アルカリブロムの酸化力は弱く、ゆるやかに作用するので、内部まで浸透しやすいと考えられる。

酸性ブロムで酸化

酸性ブロムを塗布した状態。酸性ブロムは、内部への浸透力が弱いため、まだ青色染料が残っている。内部への浸透が弱いのは、酸性ブロムの酸化力が強く、毛髪の外側をまたたくまに酸化させてしまい、キューティクルがひきしまり、内側まで浸透しにくい状態になるからと考えられる。毛髪内部の酸化が不完全なため、カール定着が弱くなってしまう。

次にカール定着のひと押しのため、低濃度の酸性ブロムを塗布。キューティクルを定着させ、毛髪のpHを中性に戻しながら、ひきしめる。

CHECK! 覚えておこう

酸性ブロムによる活発な酸化は、キューティクル付近で作用してしまい、毛髪内部まで浸透しにくい。アルカリブロムを使用して、毛髪内部からのカール定着を目指そう！

じっくりと2液を毛髪に浸透させることで、きれいなカールができる！

パーマにおける熱

ホット系パーマと
コールド式パーマの違いって何?

専用の加温ロッドなどを用いて、髪に熱を与えながらかけるのがホット系パーマ。
通常のコールド式パーマとの違いはどのようなところにあるのでしょうか?

POINT 1

ホット系パーマをかけると、毎朝のスタイリングが格段に楽になります。

巻き髪風になって、持ちもいいんですよ。

メリーさんは、再現性と持ちの良さをアピールし、ホット系パーマを提案する。

1

かしこまりました。

今日はこの後、友だちと食事するから、アイロンで巻いてほしいんです。

友人と出かける前に、サロンを訪れたお客さま。アイロンで仕上げてほしいとの要望だ。

4

ヘー。スタイリングが楽になるのはいいな。次回はホット系パーマをお願いします!

こんな巻き髪風スタイルも、ホット系パーマだと再現できちゃいます。

POINT 2

ホット系パーマのメリットを語り、みごと提案が受け入れられたメリーさん。毛髪科学マスターに一歩近づいた!?

2

では、アイロンで仕上げますね。ふだんから巻くことが多いんですか?

毎朝、巻いてスタイリングしていますよ〜。

はい!毎朝、巻いてスタイリングしていますよ〜。

毎朝のスタイリングで、アイロンを使っているというお客さま。

こんなときに知っておきたい知識はコレだ!

POINT 1 ホット系パーマのメカニズム

POINT 2 「ひと手間」がパーマを進化させる

POINT 1 ホット系パーマのメカニズム

髪の主成分であるタンパク質は、熱を加えられると凝固し、もとの形状に戻らない特性がある。この現象を「タンパク質の熱変性」という。ホット系パーマは、シスチン結合の操作に、この「タンパク質の熱変性」をともなわせることでカールを定着させるしくみ。巻き髪風や、くっきりとしたリッジのあるカール形成に優れ、コールド式パーマよりも持ちがよい。

＜卵で見るタンパク質の熱変性＞

ただし、焼きすぎると×
熱を加えすぎると卵だって焦げる！ 髪も同様だ。温度管理をきちんとしよう。

卵はタンパク質を豊富に含む食材

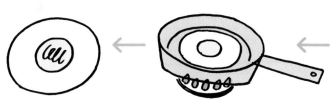

目玉焼きの完成！ 目玉焼きから生卵には戻せない（＝毛髪のタンパク質も一度熱変性を起こすともとに戻せない。だからカールの形状を長期間保てる）

凝固し始める（タンパク質の熱変性が始まる）……

熱したフライパンに卵を落とすと……

POINT 2 「ひと手間」がパーマを進化させる

どのようなパーマも、シスチン結合を切断し、再結合させて形状を定着させるという点では同じ。
これに、熱処理を施したり、クリープさせたりするなど「ひと手間」を加えることが、各種パーマを特徴づけている。

コールド式パーマ

ロッドアウト ◄ 酸化 ◄ 2液プロセス ◄ ── 中間水洗 ◄ 還元 ◄ 1液プロセス ◄ ワインディング（水巻きor1液つけ巻き）

最もオーソドックスなパーマ。

ウエットな状態でカールが再生しやすい。

ホット系パーマ

酸化 ◄ 2液プロセス ◄ ロッドアウト ◄ 加温（70〜140℃）DRY ◄ ワインディング ◄ 中間水洗 ◄ 還元 ◄ 1液プロセス ◄ ──

専用の加温ロッドやアイロンを使用して熱処理を加えるパーマ。

巻き髪風カールで弾力のある手触りに。ドライな状態でカールが再生しやすい。

クリープパーマ

ロッドアウト ◄ 酸化 ◄ 2液プロセス ◄ ── クリープ（55℃以下）◄ 中間水洗 ◄ 還元 ◄ 1液プロセス ◄ ワインディング

やわらかくプリッとした質感の仕上がり。ウエットな状態でカールが再生しやすい。

エアパーマでは、クリープ後に55℃以下の風で乾燥させる「ガラス化」の工程がある。

 P.119 参照

中間水洗後に時間をおくパーマ。55℃以下の熱を加え、毛髪内で生じるクリープ現象を促進させる。

施術不良

どのような施術がパーマによるダメージにつながるの?

髪の傷みを気にするお客さまが多いからこそ、パーマをかける際には、毛髪へのダメージは最小限にとどめたいもの。
では、どのような施術がパーマにダメージを与えるのか知りましょう。

あんまりダメージさせたくないからお願いね。

わかりました。ダメージレスなパーマをかけていきますね。

POINT 1

パーマはかけたいが、髪が傷むことを心配しているお客さま。

では、かけていきます。

……

お客さまは、緊張しているのか、無言になってしまった。

POINT 2

ダメージを抑えるために、保護用トリートメントを全体に塗っていきます。

ヘー。パーマから髪を守るトリートメントがあるのね。安心したわ。

保護用トリートメントの使用を口頭で説明したことにより、お客さまに安心感を与えられた。トリートメントの使用以外にも、ダメージを抑えるためにできることを知りたくなったメリーさんだった。

こんなときに知っておきたい知識はコレだ!

POINT
① 施術不良によるダメージポイント

POINT
② 保護用トリートメントの目的

POINT ① 施術不良による ダメージポイント

各プロセスで、どのような施術が毛髪をダメージさせるのか知ろう。

熱処理
▼
タンパク質の熱変性

毛髪に熱を加えすぎると、タンパク質の熱変性が過剰に起きる。加温機器の設定温度が高い、時間が長い、熱処理時に毛髪が濡れすぎている、中間水洗が不十分でアルカリが残留している状態で加温してしまうといった施術がダメージの要因となる。

中間水洗
▼
1剤・1液の除去不足

中間水洗で1剤・1液を流しておかないと、2剤・2液の酸化作用がきちんと働かない。(1剤・1液の作用がとまらない。)

ワインディング
▼
テンションのかけすぎ

不必要なストレスが毛髪にかかることで、キューティクルやコルテックスが傷む。

<システイン酸について>

通常	S S S S S
	S S S S S

シスチン結合がつながっている状態。

▼

還元	S S S S S
	H H H H H
	H H H H H
	S S S S S

1剤・1液によりシスチン結合が切断されると、切断されたシスチンは、システイン(=SH)になる。

▼

酸化	S S S・O₃・S S
	S S H/H S S
	S S O₃/S S

2剤・2液によって多くのシステインは再結合するが、一部再結合がうまくいかないものが残る。このシステインが酸化すると、毛髪ダメージの原因物質＝システイン酸(SO₃H)となる。

暴れるシステイン酸
システイン酸は、毛髪の弾力をなくしたり、パサつかせたりする原因になる。

2剤・2液
▼
作用不足・過剰作用

作用不足によって、シスチン結合が十分に再結合されないと、システイン酸(※左図参照)が毛髪内部に生じ、ダメージにつながる。反対に、酸化させすぎても、シスチン結合が切れてしまうこともある。特に作用不足は、下記のような施術が要因となる。

● 放置時間が短すぎる
● 2剤・2液のつけムラ
● 中間水洗が不十分

1剤・1液
▼
過剰作用

過剰作用を起こすと、必要以上にシスチン結合が切れたり、アルカリ膨潤しすぎて毛髪成分が流出したりしてしまう。過剰作用は、下記のような施術が要因となる。

● ダメージレベルに対して強すぎる薬剤選定
● 1剤・1液のつけムラ
● 保護用トリートメントの不適切な使用
● 中間水洗が不十分

POINT ② 保護用トリートメントの目的

パーマ施術時に保護用トリートメントを用いる目的は、主に以下の3つ。

①毛髪のダメージレベルに応じてパーマ用製品の過剰反応を防ぐ
②複雑にダメージした毛髪に対してパーマ用製品を均一に作用させる
③損傷の進行を防ぐ

ダメージがひどい場合には、①〜③に加え、毛髪の作用部位を補強するためのトリートメントを用いることもある。また、アイロンストレートの場合には、熱から毛髪を保護するトリートメントを使うことも。

<保護用トリートメントの代表例>

プレックス系
毛髪の内部構造と結合する成分で、ダメージした毛髪構造を補強し、弾力やしなやかさを与える。また、形状を補強してカールの形をしっかりと出す。

PPT類
毛髪から流出したタンパク質を補い、1液の過度な浸透を防ぎ、カールの形状をしっかり出す。

セラミド
パーマ液のアルカリ成分で失われやすい油分を補給し、毛髪内部成分の接着性を高める。

NMF
ダメージを受けた毛髪の水分保持力を改善し、しっとり感を与える。

定着剤
セルロースやシリコーンに代表される高分子化合物。PPT類などを毛髪内に定着させると同時に、損傷したキューティクルを疑似皮膜で保護し、1液の過度な浸透を防ぐ働きをする。

第7章では、パーマに役立つ毛髪科学を学びました。シスチン結合を切断して、再結合させる、というのがパーマの基本である点は変わりません。ただ、シスチン結合には種類があったり、種類に適した還元剤があったりと、パーマの理論は進化を続けています。ぜひ、最新のパーマ理論をマスターしましょう。

第7章 毛髪科学マスターへの道 復習テスト

下記の2つの質問について、それぞれ答えてください。

● アルカリブロムと酸性ブロムとでは、
　どちらのほうが毛髪内部まで浸透しやすいでしょうか？

● クリープすることで毛髪内のとある細胞がストレスのない場所へとズレます。
　このズレる細胞とは？

お客さまに聞かれたらこう答えよう！
【第7章／サロンワークで使えるスタンバイコメント集】

Q. パーマ用製品の成分って何？

パーマに使う製品には2種類あり、先につけるものを「1液」、後につけるものを「2液」と言います。これらを順番に使うことでパーマはかかります。1液は髪をやわらかくするためのもので、アルカリと、髪をやわらかくするための「還元作用」のある成分が入っています。1液をつけると髪がふにゃふにゃになり、その状態でロッドを髪に巻きつけます。次に、2液をつけますが、2液には髪を固める「酸化作用」のある成分が入っているため、2液をつけるとふにゃふにゃだった髪が固まり、ロッドの形にクセをつけることができるのです。

Q. パーマ液を水で流すのは何のため？

髪からパーマ液を洗い流すことを、中間水洗と言います。中間水洗をすることで、パーマによるダメージを抑えたり、パーマの臭いを軽減したりできます。

Q. ホット系パーマって何？

ホット系パーマは、一般的なパーマに熱の力を加えてかけるパーマです。巻き髪風のカールを出せたり、髪が乾燥した状態でカールが再生したり、持ちがよくなります。

答えは：　● アルカリブロム　● コルテックス細胞

お客さまの悩みを解消するために

ストレートと髪質改善のしくみを知る

クセによって髪がうねる、うまくコントロールできない……といった悩みを抱えるお客さまは少なくありません。そうした悩みにアプローチする手法はさまざまですが、第8章では、その中でも特に多く用いられる、「ストレート」と「髪質改善」の毛髪科学について学びます。

ストレートと髪質改善の毛髪科学

サロンワーク発想で学ぶ
第8章のトピックス

お客さまとの会話をきっかけに生じるふとした疑問を、毛髪科学の観点から解決します。
第8章は、「ストレート」と「髪質改善」に役立つトピックスを取り上げます。

STEP.3 ⇩ p.138へ　髪質改善って何？

代表的な髪質改善メニューを押さえておこう。

どうしてクセ毛が伸ばせるの？　STEP.1 ⇩ p.132へ

ストレートでクセが伸びるしくみを学ぼう。

ダメージにはどう対応する？　STEP.2 ⇩ p.135へ

毛髪の状態に合わせた製品の使い方を知ろう。

クセ毛に対するアプローチ

一般的に、日本人の約8割はクセ毛と言われています。
クセの程度はさまざまですが、多くのお客さまにおいて、「扱いにくい」「ツヤがない」
「質感が悪い」「スタイルをつくりづらい」などが主要な悩みとなっています。
カットで扱いやすくする、クセを生かすスタイルにする、など、対処法は多様にありますが、ここでは、
ストレート施術や髪質改善といった、メニューによるクセ毛へのアプローチについて学びます。

Q.自分の髪の状態が良いと感じたことがある？

クセあり	NO 52.3%
クセなし	NO 28.5%

出典:ルベルヘアケア調査2017(n=482)

クセ毛の場合、「髪の調子が良い」と感じる人が、直毛の人の半分しかいないんだね！

ストレート

還元・酸化とアイロン操作によって、クセ・うねりを伸ばす。還元による髪のS-S結合を切るメカニズムにより、もともとのクセへの効果が最も高いメニュー。
混合ダメージが増えてきた近年、より毛髪への負担を抑えた中性・酸性ストレートが注目されている。

髪質改善

「これを使えば髪質改善！」といった明確な定義はなく、手触りや見た目をキレイにするとともに、お客さまの悩みを解消しようとする技術やメニューを総じて「髪質改善」と呼ぶ。
一般的には、ストレートのように髪が持っている結合を切る作用はないため、強いクセをしっかり伸ばすという効果はないが、新しい結合を毛髪内につくるなど、ある程度毛髪の形にアプローチしてクセやうねりを扱いやすくし、ツヤや質感の持続性を高めるものが主流となっている。
上記の通り明確な定義はないため、さまざまなメカニズムの製品が存在しているが、以下が主要なもの。

酸熱トリートメント

酸とアイロン・ブローの熱で毛髪内に結合をつくり、ツヤとハリ・コシを出しながらうねりや広がりをおさめ、扱いやすくする。結合と酸による収れん効果でハリ・コシを与えるため、特にエイジング毛など弱ってやわらかくなった毛髪と相性が良い。

反応型トリートメント

・プレックス系 ・水素トリートメント
・活性ケラチン　など
化学的な反応を利用し、毛髪内に新しい結合をつくってクセを緩和させる。ケア成分の定着を上げ、ツヤや質感を持続させるなど髪質改善効果の高いトリートメント。他のメニューに比べてクセへの効果が緩やかな分、失敗やダメージのリスクも低い。

「髪質改善」という言葉自体は昔から使われていましたが、2018年ごろにTV番組で紹介され、一般のお客さまにも爆発的にこのワードが浸透したと思われます。
その少し前から登場した酸熱トリートメントの広がりと相まって、クセやうねりを取り、髪質改善を目的としたメニューが普及していきました。

それぞれのメニューの特徴を理解し、時には組み合わせることで、
一人ひとりに合わせたお悩み解決メニューをつくり上げることが大切！

ストレートのメカニズム

どうしてストレートで クセが伸ばせるの？

まずは、ストレート施術でクセが伸びるしくみを学びます。
種類や特徴についても、きちんと把握しておきましょう。

POINT 1 / **3**

たくさんあるなー。どれを持っていけばいいんだろう？

バックルームにずらりと並ぶストレート剤に、メリーさんはやや困惑気味。

1

こんにちは！今日のご予約はストレートですね。

定期的にストレート施術をするお客さまがご来店。

4

そもそも、ストレート剤って、ふつうのパーマ剤とどう違うんだろう？どうしてクセを伸ばせるんだろう？

2〜3 POINT

ストレートに好奇心をくすぐられるメリーさんなのであった。

2

ストレート剤持ってきてくれる？

はい、ただいま！

先輩から、医薬部外品のストレート剤を持ってくるように指示されるメリーさん。

こんなときに知っておきたい知識はコレだ！

POINT 1 ストレート用製品の種類

POINT 2 クセが伸びるしくみ　**POINT 3** ストレート用製品の特徴

POINT ① ストレート用製品の種類

パーマ用製品（第7章参照）と同様に、ストレート用の製品にも、医薬部外品である「縮毛矯正剤」と、化粧品である「ストレート料」がある。

医薬部外品は、還元作用のある成分の配合濃度を高くできるため、化粧品よりもクセを伸ばす力は強い傾向にある。

化粧品は、医薬部外品と比べて規制が緩和されているため、新しい還元成分や毛髪保護成分を積極的に配合したユニークな製品が多くつくられている。

実際の製品が、どんな毛髪・クセに対応し、どんな特徴があるかは、各メーカーから出されている情報を確認し、適したものを使おう。

POINT ② クセが伸びるしくみ

ストレートでクセを伸ばせるしくみは、基本的にパーマでカールをつけるしくみと同じ（115ページ参照）。毛髪の水素結合、シスチン結合、塩結合を組み換えて、曲がった髪の形を真っすぐに変えていく。

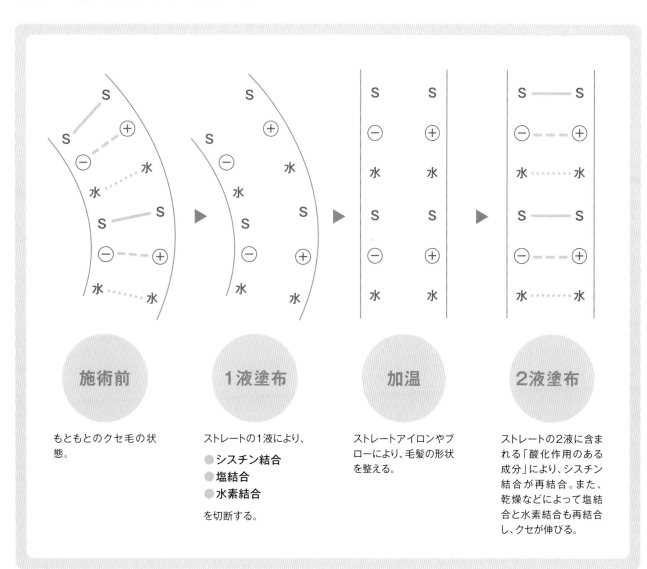

施術前
もともとのクセ毛の状態。

1液塗布
ストレートの1液により、
- シスチン結合
- 塩結合
- 水素結合

を切断する。

加温
ストレートアイロンやブローにより、毛髪の形状を整える。

2液塗布
ストレートの2液に含まれる「酸化作用のある成分」により、シスチン結合が再結合。また、乾燥などによって塩結合と水素結合も再結合し、クセが伸びる。

③ ストレート用製品の特徴

前ページで見たように、ストレートでクセを伸ばせるしくみは、基本的にパーマでカールをつくるしくみと同じ。大きく異なるのは、その剤形だ。パーマ用製品のほとんどが液体であるのに対して、ストレート用の製品はクリーム状。これは、クセで広がったり、毛束がまとまっていなかったりする髪の毛にムラなく塗布するための工夫である。ストレート用製品は毛髪をクリームで包み込むように塗ることができるため、塗布時のムラを防ぐことができる。一方、パーマ用製品は液体だからこそワインディングしたときの厚みのある毛束に染み込ませることができ、塗布のムラを防ぐつくりとなっている。

カーリング料　　　　　ストレート料

剤形の違い

ストレート施術に向いているのはどんな人？

とにかくクセを伸ばしたい！

クセが強い

髪があまり傷んでいない

ストレートは、他の髪質改善メニューと比べて毛髪に対する作用が強く、最もクセを伸ばせるメニュー。よって、「とにかくクセを伸ばしたい」という人や、髪が丈夫で他の髪質改善メニューでは効果が出ない人におすすめ。
ただし、前述の通り毛髪への作用が大きいことから、髪が健康・あまり傷んでいないことが施術の条件。ダメージが目立つけれど、ストレートを施術したい……という場合は、髪への負担を抑えた中性・酸性ストレートの使用や、近年、複雑な毛髪履歴に対応するために続々と開発されている新技術・新製品（137ページ参照）を検討しよう。

髪の状態に合わせた ストレート用製品の使い方とは?

お客さまの髪の状態はさまざまです。コンプレックスを解消し、すてきなヘアスタイルを
継続的に楽しんでいただくには、その都度最適な製品を選び、正しく使うことが重要です。

先輩がお客さまに施術プランを説明。

ストレートを施術する先輩のサポートに入るメリーさん。

根元のクセを伸ばしつつ、ダメージしている毛先もきれいにできるという先輩の発言に聞き耳を立てるメリーさん。ストレートへの興味がどんどんわいてきた!

毛先にはダメージがあるものの、クセを伸ばしたい新生部にはダメージがないことに気付いた。

こんなときに知っておきたい知識はコレだ!

POINT ① ストレート用製品ならではの使い方

POINT ② 複雑なダメージ履歴に対応するには?

POINT

① ストレート用製品ならではの使い方

クリーム状の剤形だからこそできる使い方があることも、ストレートの重要なポイント。特に、液体では難しい「塗り分け」ができるメリットは大きい。クセ毛に悩むお客さまに、継続的にストレートを利用していただくために、こうしたテクニックを積極的に活用しよう。

新生部（根元）　　　既施術部（毛先）

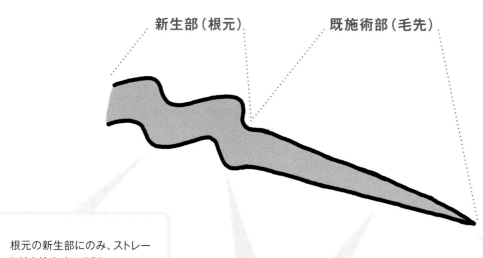

根元の新生部にのみ、ストレート料を塗布する（❶）。

根元の新生部と毛先の既施術部とで、ストレート料を塗り分ける（❶）。

毛先にダメージがある場合、保護クリームを塗布してストレート料が付かないようにする（❷）。

❷ 保護クリーム

ダメージしている毛先などに1液が付かないよう、保護目的で使用する。根元の健康的なクセ毛に対処するため還元力の高い製品を使うと、毛先はそのパワーに耐えられない可能性も。ダメージがある場合は、1液塗布前に保護クリームでしっかりカバーしておくことが重要。

❶ 塗り分け

クセのある根元にだけ塗布したり、クセの程度によって、部分的に塗布する製品を変えたりして施術する。特に、ストレートを継続的に利用しているお客さまの場合、根元の新生部にのみクセがあり、毛先にはクセがない状態となるため、こうした塗り分け施術は必須となる。

POINT ② 複雑なダメージ履歴に対応するには？

ヘアカラーやパーマなどを日常的に楽しむお客さまが増える今、ダメージの蓄積など毛髪の状態もより複雑化している。ストレートはダメージの少ない毛髪に施術することが鉄則だが、弱った毛髪にもストレート施術をしたいというニーズに応えるため、近年、さまざまな製品が開発されている。ここでは、その中から代表的なものを紹介する。お客さまの望みを最大限かなえるため、情報は常にアップデートしよう！

低アルカリタイプ

低アルカリタイプとは、アルカリ剤の配合濃度が抑えられたもの。アルカリ剤の濃度が高いと還元成分の作用は強くなるが、髪への負担も増えてしまう。そこで、アルカリ剤の配合濃度を低くすることで負担を減らした製品が登場。ただし、対応できるクセの強さには限りがある。

中性・酸性タイプ

多くの還元成分はアルカリ性で作用が強くなるため、一般的にストレート用製品のpHはアルカリ性に調整されている。しかし、アルカリ性の製品は還元作用が強いことと毛髪の膨潤を伴うことからダメージヘアへの負担が大きい。そこで、pHを中性や酸性に設定することで、髪への負担を抑えて使える製品が登場した。ただし、中には酸性でも還元作用が強い成分もあるので、製品情報を十分に確認しよう。

新還元成分

新しい成分を見つけ、生み出す科学は常に進化を続けている。過去には主にチオグリコール酸とシステインの2種類でつくられてきたストレート用製品だが、化粧品分類で広く使われるシステアミン、酸性でも使えるGMT、中性でも使えるチオグリコール酸システアミンなど、新しい還元成分が活用されている。

ダメージケア技術

還元・酸化作用や、熱を利用したダメージケアができる技術を搭載した製品が開発されている。

● 熱反応ケア成分：ストレートの施術に欠かせないアイロンやドライヤーなどの熱から毛髪を守る技術。熱を活用したり、熱への耐性を向上させたり、さまざまな技術が登場している。
● PLEX（プレックス）成分：第6章で紹介したプレックス成分がストレート用製品でも活用されている。ダメージ補修だけでなく形状の保持にも効果を発揮するため、クセの戻りを抑えることができる。

CHECK！覚えておこう
まずは毛髪の状態をしっかりと見極め、お客さまの要望を踏まえつつ、髪の健康を守るベストな提案を心がけよう。決して無理はしないこと！

髪質改善ってどんなものがあるの?

ストレートよりも毛髪への作用が緩やかな髪質改善メニュー。
ここでは、代表的なものを紹介します。

3

そうだ！うちにも、先輩がこの前やっていた酸熱トリートメントがあるよ。だけど私、使ったことないしな～。

POINT ①

酸熱トリートメントを提案してみようかと思いつくメリーさん。しかし……。

1

話題ですよね。

「髪質改善」ってすごいらしいわね。髪がツヤツヤになって、クセもおさまるんでしょう？

雑誌やSNSで見かける「髪質改善」に興味を持ったというお客さま。

4

でも、本当に酸熱トリートメントでいいのかな？他にも、似たような効果がある（と先輩が言っていた）メニューがたくさんあるし。どれを使えばいいんだろ！？

POINT ②

進化するトリートメントについていけず、お客さまにおすすめすべきものが何なのか、全く自信が持てないメリーさんなのであった。

2

確かに、クセやうねり、ダメージで髪が広がっちゃってるな。ストレートほどのパワーは要らなそうだけど……。

私もやってみようかしら？

お客さまの髪は、クセやうねりがそれほど強くはないものの、ダメージが目立っている。

こんなときに知っておきたい知識はコレだ！

POINT ① 酸熱トリートメントって何？

POINT ② 反応型トリートメントって何？

POINT ① 酸熱トリートメントって何？

酸熱トリートメントとは、特殊な酸と熱の力で毛髪内部に新たな結合を生み出す技術。クセを緩和させ、広がったりうねったりする髪をおさめて扱いやすくする。通常のトリートメントに比べてpHが低く、高温のアイロン施術が必要なことが特徴。

> 酸熱トリートメントは、しっかりと熱を与える必要があるため、アイロン操作の技術が必須！強いクセを伸ばすことはできないので、ストレート施術も視野に入れてお客さまに提案することが大事です。

> 反応型トリートメントは、右に紹介したタイプ以外にも、プレックスを進化させて形状への効果をアップさせたものや、高機能な成分をさらに組み合わせたものなど、さまざまな製品が登場しているよ！

POINT ② 反応型トリートメントって何？

反応型トリートメントとは、化学的な反応を利用し、毛髪内に新しい結合をつくり出すなどしてクセを緩和させる技術。以下が代表的なもの。

プレックス系
…ブリーチなどによって開裂する（切断される）S-S結合をプレックス成分が補うことで、ダメージを抑制し、毛髪を補強する（詳細は100ページ参照）。

水素トリートメント
…水素とアイロンの熱を利用することで、パーマやカラーの施術後に残留した過酸化水素を取り除き、髪の水分量をアップさせる。抗酸化作用による頭皮のエイジングケアにも有効。

活性ケラチン
…活性ケラチンと毛髪内のシステイン残基が酸化工程を経ることで結合し、毛髪の強度をアップさせる。

主な髪質改善関連メニュー （ストレート施術・トリートメント含む）

	分類 ※1	主な反応成分	クセを抑える効果
ストレート	医薬部外品	【有効成分】チオグリコール酸、システイン	★★★★★★ ※2
ストレート	化粧品	チオグリコール酸、システイン、システアミン、チオグリセリンなど	★★★★★ ※2
酸熱トリートメント	化粧品	グリオキシル酸、グリオキシル酸誘導体、グリコール酸、レブリン酸など	★★★★
プレックス系	化粧品	マレイン酸、マレイン酸誘導体、酒石酸、リンゴ酸、コハク酸など	★★★
水素トリートメント	化粧品	水素化Mgなど	★★★
活性ケラチン	化粧品	加水分解ケラチンなど ※3	★★★
システムトリートメント	化粧品	CMC、NMF、PPT、植物油、シリコーンなど	★★
トリートメント	化粧品	CMC、NMF、PPT、植物油、シリコーンなど	★

※1 クセへの効果は製品によって異なる。 ※2 製品によってパワー設定は異なる。 ※3 特殊な処理によって反応性があるもの。

第8章では、ストレート施術と代表的な髪質改善メニューについて学びました。単にクセ毛といっても一人ひとりの悩みや髪質は異なるため、お客さまの理想をきちんと理解した上で適切なメニューを提供することが重要です。それぞれの特徴を理解し、サロンワークに生かしてください。

第8章 毛髪科学マスターへの道
復習テスト

下記の2つの質問について、それぞれ答えてください。

● アルカリ性のストレートと比較し、
　酸性のストレートにはどのようなメリットがあるでしょうか？

● 酸熱トリートメントの主な成分はでしょうか？

お客さまに聞かれたらこう答えよう！
【第8章／サロンワークで使えるスタンバイコメント集】

Q. クセを伸ばしたいけれど、何がいいの？

ストレートは、髪がしっかりしていて、強いクセをとにかく伸ばしたい場合に適しています。あとは、髪質改善メニューとして、酸熱トリートメントや反応型トリートメントがあります。酸熱トリートメントは、広がったりうねったりするクセをおさめて扱いやすくしたい場合や、髪にツヤやハリ・コシが欲しい場合におすすめです。反応型トリートメントは、さほどクセが強くなく、トリートメント効果を持続させたい方や、失敗・ダメージを避けたい方に向いています。

Q. ストレートって、髪は傷まないの？

もちろん毛髪へのダメージはゼロではありませんが、ダメージを抑制することは可能です。最近ではダメージの要因となるアルカリの配合濃度を低くした製品や、ダメージの大きいアルカリ性のpHではない、中性や酸性領域の製品が登場しています。また、アイロンやドライヤーによる熱のダメージから毛髪を守るダメージケア技術を搭載した製品も存在します。このような製品を用いることで、ストレートによる毛髪へのダメージを抑えることができます。

Q. 髪質改善って、繰り返しやるべき？

酸熱トリートメントや反応型トリートメントは化学的反応がわりと緩やかなため、繰り返し行なうことで毛髪内の結合や架橋がより強固となり、髪質改善効果を高めることができます。ただし、酸熱トリートメントの場合、髪質によっては繰り返しの使用で髪が硬くなってしまうこともあるので、毛髪の状態を確かめながら使ったほうがよいです。

答えは、
● 髪への負担が少ないため、ダメージへアにも使うことができる。
● アルカリ、グリオキシル酸、グリオキシル酸誘導体、グリコール酸、レブリン酸など。

第9章

イメージ通りの
ヘアデザインに仕上げるために

スタイリング剤を
使いこなす

どんなに的確なカットやヘアカラー、パーマを施しても、スタイリング剤のセレクトを誤れば、イメージ通りのヘアデザインには仕上げられません。そこで第9章では、多様なスタイリング剤が、それぞれどのような影響を毛髪に与えるかを学んでいきます。

スタイリング剤の毛髪科学
サロンワーク発想で学ぶ第9章のトピックス

サロンワークでお客さまと会話しているときに生じる、ふとした疑問を、毛髪科学の観点から解決していきます。
第9章は、スタイリング剤についての知識を深めます。

STEP.3
⇩
p.150へ

髪の状態に合わせた選び方とは？

ダメージ毛やヘアカラー毛にフィットするスタイリング剤を知ろう。

スタイリング剤を使用する目的とは？

STEP.1
⇩
p.144へ

ヘアデザインにおけるスタイリング剤の役割を知ろう。

STEP.4
⇩
p.152へ

ケアできるスタイリング剤とは？

固めずに、髪に潤いを与えるタイプのスタイリング剤について知ろう。

セット成分とその特徴とは？

STEP.2
⇩
p.146へ

髪を固定する働きを持つ成分について知ろう。

ヘアデザインとともに進化！スタイリング剤の歴史

スタイリング剤の科学を学ぶ前にまずは準備体操！
ヘアデザインの流行と連動して進化してきたスタイリング剤の歴史から、毛髪科学の扉を開いてみましょう。

流行のスタイルとスタイリング剤の関係

年代別に流行したヘアデザイン・技術とスタイリング剤の種類との関係を下にまとめる。好まれるスタイリング剤の
タイプ（剤形）は、その時代における流行のヘアデザインや技術の動向によって変化してきたことがわかる。

スタイリング剤	流行のヘアデザイン・技術動向		年代
	シザーズカット	カット＆ブローの時代	1970
ツヤ出しスプレー	ウルフカット		
トリートメントムース	長髪		
	マッシュルームカット		1975
ブローローション	サスーンカット		
ディップローション	レイヤードヘア		
	サーファーカット		
スタイリングムース	モッズスタイル		1980
ジェル	テクノカット		
ミスト			
ウォーターグリース		カット＆	1985
スタイリングローション	前髪アップスタイル	パーマ・セットの時代	
	ソバージュ		
ウエットムース	ワンレングス		
			1990
枝毛コート			
ファイバーワックス	レイヤー　ニュアンスパーマ	カットの時代	1995
	シャギー　巻き髪スタイル		
	アイロンストレート　重軽		
ムースワックス			
クリームワックス	ひし形シルエット　Aライン　黒髪		2005
	スットンストレート		
セットスプレー	アイロンスタイリング	カット＆カラーの時代	2010
スプレーワックス	マッシュボブ　ツーブロック		
グリース			
バーム	ゆるいウエーブヘア　かきあげ前髪		2015
オイル	シースルーバング　エアリーボブ		
	「束感」「抜け感」「濡れ髪」などがキーワード。個性を出しやすいスタイルも人気。「○○系」といった、カテゴリーにとらわれない多様な価値観を楽しむ傾向。	現代	2020

多様なスタイリング剤

そもそも
スタイリング剤って何?

スタイリング剤は、フィニッシュワークに欠かせないアイテムです。
では、そもそも、ヘアをデザインする上でスタイリング剤が果たす役割とは何でしょうか?

いつもスタイリング剤を使わずに乾かすだけです。スタイリング剤って、つけなきゃいけないの?

では、これから仕上げていきますね。ふだんはどのようなスタイリング剤を使用していますか?

ふだんスタイリング剤を使わないというお客さま。

でも、どうしてスタイリング剤を使わなきゃいけないか、うまく説明できないな。使ったほうが絶対いいんだけど……。

うーん。

お客さまからのふとした疑問について考え込むメリーさん。

アイロンで巻いた後、束感を出すためにワックスを使って仕上げたいと思っています。

そもそも種類が多くて、何をつけたらいいのかわからないんですよね。今日は何を使うんですか?

使用するスタイリング剤の解説をするメリーさん。

それぞれのスタイリング剤の特徴を、きちんと勉強したいな。

メリーさんは、スタイリング剤についての知識を深めたいと思ったのであった。

こんなときに知っておきたい知識はコレだ!

POINT
① スタイリング剤の役割
POINT
② スタイリング剤の種類

144

POINT 1 スタイリング剤の**役割**

スタイリング剤は、仕上げ剤・ヘアドレッシング剤とも呼ばれ、カットやパーマ、ヘアカラーでつくられた「ベーススタイル」を「ヘアデザイン」に仕上げるために用いるアイテム（製品）のこと。つまり、スタイリング剤の役割は、毛髪の動きや質感をコントロールすること、と言える。近年では、こうした機能のほか、髪のダメージを補修するヘアケア的な役割を付加させたものも多く流通している。

ベーススタイル ＋ スタイリング剤 ＝ ヘアデザイン

POINT 2 スタイリング剤の**種類**

スタイリング剤の剤形（加工された形）に着目すると、おおむね下記のようなものがある。

ミスト

グリース

バーム

ワックス

ヘアクリーム

ミルク

他にスティック、
リキッド、
ポマードなどもある。

スプレー

オイル

フォーム

ローション

ジェル

ベーススタイルのクオリティが高くても、スタイリングが良くなければ、いいヘアデザインにはならないんだね。

パーマ剤やヘアカラー剤とは比べものにならないほど多様だね。

CHECK！ 覚えておこう

スタイリング剤は、ベースのヘアスタイルを「デザイン」に昇華させるために欠かせないアイテム。

セット成分と剤形の特徴
スタイリング剤ごとに髪を固定するセット成分は違う?

ここでは、セット成分や剤形の違いが、ヘアデザインに与える影響の違いを学びます。
裏付けのある知識で、スタイリング剤をセレクトしましょう。

1 ねぇねぇワックスは何でできているのかしら?

お客さまから突然質問を受けるメリーさん。

2 たぶん、合成樹脂でできていると思いますよ。

へー、そうなんだー。

誤った知識をお客さまに教えてしまうメリーさんである。

3 先輩〜。ワックスって何でできているんですか?合成樹脂ですよねー。

先輩に誤った知識を訂正してもらうメリーさん。新たな課題も与えられて焦る。

違うよ!ワックスは基本油分。ところで、ワックスってヘアクリームって似ているでしょ。でも違う。どこが違うかわかってるか〜?

こんなときに知っておきたい知識はコレだ!

POINT
1 セット成分と仕上がり感の違い

POINT
2 剤形ごとの特徴

① セット成分と仕上がり感の違い

スタイリング剤に含まれるセット成分（＝髪の動きや質感をコントロールする成分）は主に
①セットポリマー②固形油分③液状油分の3種類に分かれる。

①セットポリマーとは、人工的につくられた合成樹脂で、セット力が強い。
②固形油分とは、常温でも固形を保つ油分で、セット力が強い。
③液状油分とは、常温で液体となる油分で、セット力が弱い。

	特徴	付着状態	代表的な剤形	種類
	合成樹脂の膜で毛髪同士を束ねて接着する。つくったスタイルを固めることを主な目的とする。ホールド機能は高いが、一度ブラシを通して形を崩すと再整髪が難しい。		ジェル ローション スプレー （固めるタイプ） ミスト（同上）	**セットポリマー** 合成樹脂
	固形油分が毛髪同士を点で付着させる。付着していない部分は固まらずに動く。点でホールドすることにより、パリっとは固めず動かしながらスタイリングでき、一度スタイルが崩れても再整髪しやすい。ただし、過剰に付着するとベタっとしやすい。		ワックス バーム	**固形油分** ワックス （ロウ）
	液状油分が、毛髪1本1本をコートする。スタイルを保持する力は弱いが、ツヤを与える働きがある。髪1本1本をコートするので指通りを向上させられる。		オイル ヘアクリーム スプレー （ツヤ出しタイプ）	**液状油分**

セット力 強 ↑
↓ 弱 セット力

※ここで示した分類は「傾向」を表したもの。セットポリマー、固形油分、液状油分をバランスよく配合したスタイリング剤は多い。たとえば、固形油分に分類したポマードには、液状油分も配合されている。

2 剤形ごとの特徴

それぞれの剤形が、毛髪に与える影響をより具体的に見ていこう。

セットポリマー系
セットポリマーを主なセット成分とする剤形

＜スプレー（固めるタイプ）＞

【成分】
アルコール・ガス・
セットポリマー

- ガスが配合されているエアゾール製品で、きめ細かい霧をつくることができ、髪にムラなくふきかけることができる。
- ホールド力が強いものが多い。
- 揮発性の高いアルコールベースで、速乾性があり、髪を濡らさず、ドライな質感に仕上げられるタイプが主流。

＜ジェル＞

【成分】
水・増粘剤・セットポリマー

- 塗布すると髪が濡れるので、タイトなデザインにしたり、パリッと固めたりするのに適する。
- しっかりした粘度があるので、必要な部分だけに塗布しやすい。
- ホールド力が弱いものから強いものまで幅広い。
- 乾くのが遅い。仕上がりの質感はドライからウエットまで幅広くある。

＜ミスト（固めるタイプ）＞

【成分】
アルコール・セットポリマー

- ガスを配合せず、ポンプの機構を利用して霧をつくるので、比較的粗い霧になり、一ヵ所にしっかりと付着させることができる。
- 乾くのが早く、ドライな質感に仕上がる。

＜ローション＞

【成分】
水・増粘剤・セットポリマー

- ジェルの粘度をゆるくしたようなタイプで、髪全体になじませやすい。
- ジェルと同じく、スタイルをタイトにしたり、パリッと固めたりするのに適する。
- 乾くのがやや遅い。仕上がりの質感はドライからウエットまで幅広い。

固形油分系
固形油分を主なセット成分とする剤形

＜バーム＞

【成分】
固形油分・液状油分

- 水が含まれておらず、油分のみでつくられている固形の剤形。
- 固形だが手に取ると体温で溶けて液状となるため、伸びが良く毛髪とのなじみが良い。
- 濡れ感のあるツヤを与え、スタイルをタイトにしたり、毛流れをコントロールしたりすることができる。
- 塗布後は粘性が戻るためまとまりが良い。

＜ワックス＞

【成分】
水・固形油分・液状油分・
界面活性剤

- しっかり固めるのではなく、固形油分によって、毛髪を点でホールドしながらスタイルをつくることができる。
- 硬すぎない手触りを実現する一方、ホールド力に欠けるといったデメリットがある。
- 油っぽさはあるが、軽くややウエットな質感に仕上がるものが多い。

スタイリング剤のセット成分はセットポリマー・固形油分・液状油分が主流。セット成分ごとに髪に与える影響は異なる。

剤形の見た目は似ていても成分が違えば機能は異なるんだね！

ミックスタイプ
セットポリマー・固形油分・液状油分を混合したタイプ

＜フォーム＞

【成分】
水・ガス・界面活性剤・セットポリマー・固形油分・液状油分

● ガスが配合されているエアゾール製品で、きめの細かい濃密な泡をつくることができ、ねらった部分につけやすく、また薄づけしやすい。
● ホールド力は、「やや強い〜強い」が主流。
● 乾く速度は「やや早い〜遅い」まで幅広い。
● ややウエットな仕上がりになるものが多い。

＜ミルク＞

【成分】
水・液状油分・固形油分・セットポリマー・界面活性剤

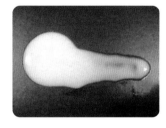

● 粘度の低い、ゆるめの乳化物で、ウエーブ状の毛髪に束感をつくるのに適する。
● 髪全体になじませやすい。

ケアタイプ
コンディショニング成分を含むタイプ

＜ミスト（コンディショニングタイプ）＞

【成分】
水・コンディショニング剤

● ガスを配合せず、ポンプの機構を利用して霧をつくる。比較的粗い霧になるので、一ヵ所にしっかりと付着させることができる。

液状油分系
液状油分を主なセット成分とする剤形

＜スプレー（ツヤ出しタイプ）＞

【成分】
アルコール・ガス・液状油分

● ガスが配合されているエアゾール製品で、きめ細かい霧をつくることができる。
● ホールド力はほとんどない。
● 揮発性のあるアルコールベースで、速乾性のあるドライタイプとツヤの強いタイプがある。

＜ヘアクリーム＞

【成分】
水・液状油分・高級アルコール・界面活性剤

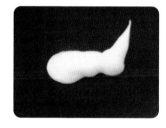

● 毛髪にツヤを与え、ボリューム調整や軽い方向づけができる。
● 油っぽさはあるが、軽くややウエットな質感に仕上がる。
● 近年では「洗い流さないトリートメント」「アウトバストリートメント」の類に含まれることもある。

＜オイル＞

【成分】
液状油分

● 水が含まれておらず、液状の油分のみでつくられているため、毛髪になじませやすい。
● 軽い塗布感でベタつきのない仕上がり。
● 油分の違いにより、「さらっと」から「しっとり」まで幅広い質感がある。

スタイリング剤の選び方

スタイリング剤の 対象毛別セレクト法とは？

ここからは、対象毛別に、
スタイリング剤の好ましいセレクト法と避けるべきセレクト法を学びます。

フィニッシュワーク前のお客さまとの会話。お客さまの髪はキューティクルが損傷しているようだ。

お客さまにアドバイスを求められるメリーさん。

ダメージを考慮したスタイリング剤のセレクトなど、まるでしたことのないメリーさんなのであった。

こんなときに知っておきたい知識はコレだ！

POINT
① 髪質に適したスタイリング剤を選ぼう

① 髪質に適したスタイリング剤を選ぼう

前ページまでは、求めるヘアデザインに仕上げるため、という視点で多様なスタイリング剤の特徴を紹介した。ここからは、髪の状態に対して好ましいスタイリング剤と好ましくないスタイリング剤の使用例を、対象毛別に紹介する。

＜ヘアマニキュア＞

好ましい 色持ちを良くするため、活性剤やアルコールの配合が少ないアイテムが好ましい。

好ましくない 特になし。

＜ダメージ毛＞

好ましい 液状油分やコンディショニング成分を含んだスタイリング剤。

好ましくない セット力の強いアイテムを過剰に使うと、洗い落とすためにシャンプーの回数が増え、髪や頭皮への負担が増す。

＜パーマ毛＞

好ましい きしみやもつれが出ている場合は、コンディショニング成分配合のアイテムがおすすめ。また、美しいウエーブやツヤを出すためには、油分やPPTなどが配合されたアイテムが良い。

好ましくない 過度にウエットで重たい仕上がりは、ウエーブをダウンさせることがある。

＜ヘアカラー毛＞

好ましい ヘアカラー施術によってパサつきが生じている場合、液状油分やコンディショニング成分を配合したスタイリング剤を使用するとよい。またヘアカラーの褪色を予防するため、紫外線から毛髪を守るタイプのものがベター。

好ましくない セット力の強いアイテムを過剰に使うと、洗い落とすためにシャンプーの回数が増え、褪色が早くなる。

求めるデザインに応じたチョイスはもちろん、ケア発想で選んでみよう。

CHECK！ 覚えておこう

髪の状態を見極め、塗布後のことも考えよう。

シャンプーで落とせないほど、過剰な使用はやめよう。

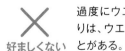

ケアできるスタイリング剤

セット力がとても弱いのに "スタイリング剤" と言うの?

ナチュラルヘアに近い、自然な風合いの仕上がりが求められるいま、
ニーズが高まっている"セット力を抑えたスタイリング剤"について知りましょう。

POINT 1

3 洗い流さないトリートメントとケアタイプのスタイリング剤って、何が違うんだろう? 全く同じではないような気もするし……。

セット力がとても弱いのに、「スタイリング剤」と呼ぶことを不思議に思うメリーさん。詳しく知りたくなり……。

1 いやそれ、持っていないなあ。

ご自宅ではケアタイプのヘアクリームでスタイリングしてくださいね。ほとんどセット力がないものでいいですよ。

アフターカウンセリングで、自宅での手入れ方法をお伝えするメリーさん。

4 でも、あの質感は、やっぱり洗い流さないタイプだから出るんだよね。

ヘアデザインを思いのままに仕上げたいと、向学心の高まるメリーさんである。

2 もしお持ちでなければ、洗い流さないトリートメントでもOKですよ。

ああ、それなら持っているわ！髪をケアしながらスタイリングもできるなんて、すてきね〜♪

洗い流さないトリートメントでスタイリングもできると知り、感激するお客さま。

こんなときに知っておきたい知識はコレだ！

POINT ① 髪をケアするスタイリング剤

現在、国内に流通しているスタイリング剤は、「髪を固めるタイプ」と「ケアするタイプ」に分類できる。固めるタイプは、いわゆるヘアワックスやヘアスプレーで、ロウのような固形油分、セットポリマーなどのセット成分が含まれるもの。一方、近年のナチュラルヘア志向を反映して登場した、ケアできるスタイリング剤は、処方の観点から2種類ある。1つ目は、処方上「洗い流さないトリートメント」と同類の成分（100％オイルや高級アルコール＋カチオン活性剤のクリームなど）でできており、セット成分を含まないためセット力がほぼないもの。2つ目は、訴求ポイントを「髪のケア」とする製品でありながら、処方上は固形油分やセットポリマーをわずかに配合し、洗い流さないトリートメントよりもまとまり感やボリュームUPなどの効果を高めているものだ。

> 髪のケアとヘアデザインが、密接な関係になってきていることを反映している！

CHECK！ 覚えておこう
主要成分がケア剤のみで、セット成分が配合されていなくても「スタイリング剤」として打ち出されているものも一部ある。

ケア剤　　　スタイリング剤

● ケアできるスタイリング剤
● スタイリングできるケア剤

> 私は「スタイリング剤をつけたくない」というお客さまには「洗い流さないトリートメント」としておすすめしています♪

> 「ケアできるスタイリング剤」と言うか「洗い流さないトリートメント」と言うかで、同じ中身でも、お客さまへの伝わり方が異なる！

スタイリングが人に与える印象効果

髪のスタイリング（ふだんのお手入れも含む）をすることが、人にどのような印象を与えるかを調査し、顔のメイクと比較した。
すると、スタイリングもメイクもしていないときと比べて、スタイリングによって「魅力度」はメイクと同程度、「清潔感」はメイクの約2倍高まることがわかった。
髪のスタイリングをすることは、顔のメイクをすることと同じくらい、またはそれ以上に人の印象を変えることができ、髪は対人印象に大きな力を持つと言える。

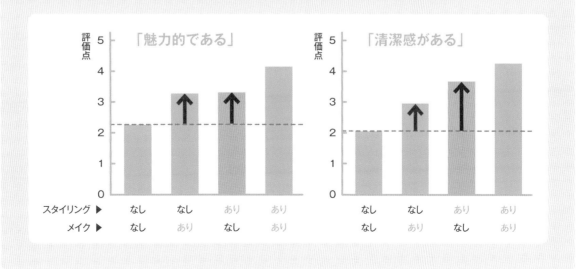

ング剤の疑問を解決!

今さら
聞けない!

Q スタイリング剤は時間がたつと
どうしてベタつくのですか?

A 油分が毛髪に吸い込まれるから

スタイリング剤中の油分によります。スタイリング剤中に配合されている液状油分が時間によって毛髪に吸い込まれ、ベタつきや重さにつながり、スタイリングした状態が崩れてしまいます。一度ベタついてしまった場合は洗い落とすしかありません。薄くのばして塗布したり、少しずつ塗布したりと、過剰にスタイリング剤を塗布しないような工夫をし、ベタつきを予防しましょう。また、吸い込みにくい液状油分を採用して、時間経過によるベタつきが起こりにくいよう設計されたスタイリング剤も販売されています。

Q セット力の強弱の調整は、
どのように設計されているのですか?

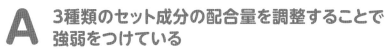

A 3種類のセット成分の配合量を調整することで
強弱をつけている

ワックスを例にすると、セット力は、セットポリマー、固形油分、液状油分の量によって調整されています。セット力は水で薄めて弱めることができますが、剤の粘度が下がるため、適切な使用感・塗布感が得られず、スタイルをセットする力や質感が、望んだようになりません。

Q スタイリング剤をつけるのは髪を乾かした後?
乾かす前? どちらがよいでしょうか?

A 一概にどちらがよいとは言えない

成分や剤形によって、塗布しやすい髪(乾いた髪・湿った髪)の状態には違いがあるので、一概に「乾かした後に使用」と「乾かす前に使用」のどちらがよいとは言えません。
あえて言うならば、乾かした後に使用するものとして、ワックス、スプレー、ミルク、ジェル(フォーム)があります。これらは、ブローやアイロンによって、一旦つくったベーススタイルにアクセントを加えたり、キープしたりすることが可能です。乾かす前に使用するものとしては、フォーム、ミルク、巻き髪用ミストがあります。これらは水分となじむため、ムラなくつけることができます。また水分によってつくられる毛束と剤によってつくられる毛束ができ、多数の細めの束感が出ます。

ここでは、スタイリング剤に関するメリーさんの質問を、
サイオンジ先生が毛髪科学の観点から解決します。

ここで授業は終わり！
この本を通じて
メリーさんは
成長できたかな？

髪を扱うプロとして、
もっと毛髪科学について
知りたいので、
これからも勉強を続けて
いきたいです。

Q 「ヒートプロテクト成分」とは何でしょうか？

A 髪を熱から守る、もしくは熱を利用して髪をケアする成分

ドライヤーやアイロンの熱から髪を「守る」もしくは「熱を利用してケアする」と、定義がメーカー各社で大きく2つに分かれます。前者は、元々熱に強い成分（メドフォーム油、セラミドなど）が、キューティクル部分に付着して熱によるタンパク変性やCMCの流出を防ぎ髪を守ります。後者は、低分子のケア成分が、髪のダメージホールに浸透し、熱によって高分子化して定着。その結果、潤いやなめらかな手触りをつくったり、セット力を高めたりします（ヒートプロテイン熱反応性ポリマーなど）。これらは、アイロンやドライヤーを使用する前に使うスタイリング剤に配合されていることが多いです。熱によるダメージから髪を守ったり、熱の力を利用してカールを形成・保持したりします。

Q 近年注目されているセット成分があれば教えてください

A 自然由来で安全性が高く、さまざまな機能が期待される「糖鎖（とうさ）」

スタイリング剤では従来、ソルビトールなどの小さな糖を保湿成分として使用することがありましたが、小さいため毛髪同士を束ねることができずにセット力はなく、セット成分として使用することはできませんでした。この糖同士が毛髪を束ねられるほど大きく、鎖のようにつながっているのが「糖鎖」で、近年、セット効果のある糖鎖が開発されています。
糖鎖は自然界に多種多様あり、改質もしやすい性質から、さまざまな機能を持たせられると言われています。これまでにない質感やセット機能のある糖鎖の開発が期待されています。

第9章では、スタイリング剤についての知識を学びました。これからも、ヘアデザインの流行とともに、使用されるスタイリング剤はめまぐるしく変わっていくでしょう。でも、ここで学んだスタイリング剤の基礎知識があれば大丈夫。時代に流されることなく、思いのままに、ヘアデザインをイメージ通りに仕上げられる美容師になりましょう。

毛髪科学マスターへの道
第9章 復習テスト

下記の質問について答えてください。

● スタイリング剤に含まれる、代表的な3種類のセット成分とは何でしたか？

お客さまに聞かれたらこう答えよう！
【第9章／サロンワークで使えるスタンバイコメント集】

Q. スタイリング剤って、つけなきゃいけないの？

お客さまの好みにもよりますが、サロンでの仕上がりを維持するために、スタイリング剤の使用をおすすめします。いくらきれいなベースをカットなどでつくっていても、スタイリング剤が変われば仕上がりも変わります。

Q. スタイリング剤にアルコールが含まれているけど髪に悪くないの？

スタイリング剤の多くにアルコール「エタノール」が使われていますが、目的は主に溶剤（セットポリマーなど）や基剤（速乾性）としてです。ほとんどが揮発するため、髪に悪い影響を与えることはありません。

Q. ワックスとヘアクリームって違うの？

ワックスは、固形油分と呼ばれるセット成分が中心ですが、ヘアクリームは液状油分を主なセット成分にしています。ワックスのほうがややセット力が強いと言えます。

答えは、● 固形油分、液状油分、セットポリマー。

「毛髪科学」と聞くと「難しそう」と感じてしまい、勉強しなければならないとわかっていても、つい後回しにして避けてしまいがちです。日々の忙しいサロンワークの中で、手を動かす技術の習得が優先されるのは、致し方ない面もあります。しかし、髪を扱うプロとして、対象となる素材や使用する薬剤についての専門知識を持たないことは、誇れるものではありません。たとえば生地や縫製について知らない服飾デザイナーのつくった服や、食材や調味料について知らない料理人のつくった料理に対して、私たちははたして、どれほどの対価を払いたいと思うでしょうか。自分の仕事に責任を持って接客する人こそ、プロと呼ぶにふさわしいでしょう。「毛髪科学」を学ぶことで毛髪診断を的確に行なえるようになり、技術の質は確実に向上します。さらには、お客さまへのアドバイスも深化し、提案できるヘアデザインの幅も広がります。お客さまに支持される美容師となり、そんな素晴らしい美容師が働くサロンにしていくためにも、この本で「毛髪科学」をマスターしましょう。

タカラベルモント株式会社

EPILOGUE

profile

タカラベルモント株式会社

2021年に創業100年を迎えたタカラベルモント株式会社。プロフェッショナル化粧品事業においては、1977年にベルモント化粧品株式会社を設立し、『ルベル化粧品』（現行LebeL）販売をスタート。1978年、滋賀県にタカラベルモント株式会社・化粧品工場を竣工し、生産を開始する。1980年に『エステシモ』ブランド、2016年に『ビトレティカ』ブランドを発売。2020年には2種類のメデュラの存在を初めて発見し、白と黒のメデュラを自在にコントロールする「ヘアメデュラケア」の技術を国際学会に発表。

"美しい人生を、かなえよう。"というパーパスのもと、お客さま一人ひとりを美しく輝かせたいと願うサロンと共に歩み続けるため、製品・教育・プロモーションサポートを提供。また、2000年にはISO14001の認証を取得し、環境保全活動を含むSDGsにも積極的に取り組んでいる。

https://www.takarabelmont.co.jp/

ルベル　　　　　ビトレティカ　　　エステシモ

Special Thanks

location_feel（東京・吉祥寺）
illustration_kazuhito ITOH
book design_Megumi Shirakihara

サロンワーク発想だからわかる！
きほんの毛髪科学【改訂版】

2014年1月24日　初版第1刷発行
2022年6月25日　改訂版第1刷発行
2023年11月10日　改訂版第2刷発行

[定価] 3,080円（本体2,800円＋税10%）
[著者] タカラベルモント株式会社
[発行人] 小池入江
[発行所] 株式会社女性モード社
本社／
〒107-0062 東京都港区南青山5-15-9-201
TEL. 03-5962-7087　FAX. 03-5962-7088
支社／
〒541-0043 大阪府大阪市中央区高麗橋1-5-14-603
TEL. 06-6222-5129　FAX. 06-6222-5357
https://www.j-mode.co.jp/
[印刷・製本] 株式会社JPコミュニケーションズ